Walther Schlegtendal

Johann Nikolas Tetens Erkenntnistheorie

Teil 1

Walther Schlegtendal

Johann Nikolas Tetens Erkenntnistheorie
Teil 1

ISBN/EAN: 9783744612524

Hergestellt in Europa, USA, Kanada, Australien, Japan

Cover: Foto ©ninafisch / pixelio.de

Weitere Bücher finden Sie auf **www.hansebooks.com**

Johann Nikolas Tetens'
Erkenntnistheorie.

Teil I.

Inaugural-Dissertation

verfasst und der

Philosophischen Facultät

der vereinigten Friedrichs-Universität Halle-Wittenberg

zur

Erlangung der philosophischen Doctorwürde

vorgelegt von

Walther Schlegtendal

aus BARMEN in der Rheinprovinz.

HALLE a./S.
1885.

Druck von Th. Quos in Cöln.

Seinem väterlichen Freund und Berater

HERRN DR. WILH. FRIES

Director der Lateinischen Hauptschule und Kondirector der Franckeschen Stiftungen

zu Halle a./S.

in dankbarer Verehrung

gewidmet.

Einleitung.

Am Schlusse seiner „Geschichte der Deutschen Philosophie seit Leibnitz" fasst Eduard Zeller seine Ansicht über den Gang der philosophischen Entwickelung der letzten zwei Jahrhunderte in Deutschland kurz zusammen und spricht sich dahin aus, dass die philosophische Productivität im Grossen sich in der raschen Aufeinanderfolge umfassender Systeme für einige Zeit erschöpft habe. Wie überhaupt der Character und Zustand der jeweiligen Philosophie von den anderweitigen, die Zeit bewegenden Interessen und insonderheit von den im Vordergrunde stehenden Wissenschaften beeinflusst werde, so sei in der letzten Zeit die philosophische Thätigkeit durch die vielseitige Arbeit und die glänzenden Erfolge der Erfahrungswissenschaften zurückgedrängt. Die neue Philosophie müsse darum mit diesen realen Wissenschaften in ein engeres Verhältniss treten, sie müsse die Ergebnisse derselben und ihr Verfahren für sich verwenden und ihren, bisher einseitigen Idealismus durch einen gesunden Realismus ergänzen.

Den hier bezeichneten Weg hat nun in der That die philosophische Arbeit der letzten Decennien eingeschlagen. Während etwa bis zur Mitte unseres Jahrhunderts ein umfassendes System nach dem anderen ausgebildet wurde, beschränkt sich seitdem die philosophische Thätigkeit darauf, entweder in umfassenden Darstellungen der früheren Systeme die Früchte dieser grossen Periode einzuheimsen, oder die Gebiete, die den Erfahrungswissenschaften am nächsten liegen, auszubauen, um deren Resultate sich anzueignen und für sich zu verwerten. Unter den Bestrebungen der letzten Klasse nehmen aber die psychologischen Untersuchungen ohne Zweifel den ersten Platz ein und es dürfte sich zur Zeit wohl kein Gebiet der philosophischen Disciplin finden, auf dem mit grösserem Eifer gearbeitet würde, als auf dem Gebiete der Psychologie. Es mag darum als eine zeitgemässe Aufgabe erscheinen, wenn die vorliegende Arbeit versucht, die Blicke auf einen Psychologen zu lenken, den ungünstige Umstände, die ganze Richtung der philosophischen Entwickelung und zumeist die zeitliche Nähe, in der er zu Kant steht, fast in Vergessenheit haben kommen lassen.

Und doch verdiente, wie auch Harms[1] zu erweisen sucht, Johann Nikolas Tetens seiner psychologischen Untersuchungen wegen eine grössere Beachtung. Stellt ihm doch auch Zeller[2] das ehrenvolle Zeugnis aus, dass er sich durch wissenschaftliche Schärfe und Selbständigkeit vor den meisten der gleichzeitigen Philosophen ausgezeichnet habe, und dass die Genauigkeit der psychologischen Beobachtungen, die sorgfältige Zergliederung der psychischen Vorgänge, die umsichtige Abwägung der Folgerungen, die sich aus ihnen ziehen lassen, seinen „philosophischen Versuchen über die menschliche Natur" einen dauernden Wert sichern. Nicht minder günstig urteilt Erdmann[3] über ihn, wenn er ihm unter den empirischen Psychologen der vorkantichen Zeit die höchste Stelle zuerkennt.

Was zunächst die äusseren Lebensumstände Tetens' anbetrifft, so möge es genügen, die wenigen Daten, die Harms und Erdmann beibringen, hier zu wiederholen. J. N. Tetens wurde 1736 geboren; nachdem er längere Zeit als Professor in Bützow gewirkt hatte, wurde er 1777 als Professor der Philosophie nach Kiel berufen; von hier aus siedelte er 1789 nach Kopenhagen über, wo er eine Stellung im Finanzcollegium bekleidete; hier starb er im Jahre 1805. Unter seinen Werken, die Erdmann aufzählt, ist das bedeutendste und

---

1) Abhandlungen der berliner Akademie der Wissenschaften 1878.
2) Geschichte der Deutschen Philosophie seit Leibnitz p. 320.
3) Grundriss der Geschichte der Philosophie p. 230.

umfassendste: seine „philosophischen Versuch über die menschliche Natur und ihre Entwickelung" die 1777 in zwei Bänden bei Weidmann's Erben in Leipzig erschienen. Die Herausgabe dieses Werkes fällt also in die Pause, die Kant in seiner schriftstellerischen Thätigkeit zwischen der sogenannten Inaugural-Dissertation (1770) und der Kritik der reinen Vernunft (1781) eintreten liess und verdiente es einer eingehenden Untersuchung, das Verhältnis, in dem diese drei Werke zu einander stehen, festzustellen. Denn steht es einerseits fest, dass Kant von Tetens nicht unbeeinflusst geblieben ist — bezeugt uns doch ein Brief Hamann's an Herder vom 17. Mai 1779, dass Tetens'[1] „philosophische Versuche" Kant immer vor Augen liegen — so ist auch Kant's Abhandlung „de mundi sensibilis et intellegibilis forma et principiis" von Tetens nicht unbeachtet geblieben.

Doch, es liegt mir fern, das Verhältnis zwischen Tetens und Kant hier näher erörtern zu wollen; der kurze Hinweis auf Kant soll nur dazu dienen, das Interesse für Tetens, den das glänzende Gestirn Kant's so lange Zeit völlig überstrahlt hat, wieder wachzurufen und es begreiflich erscheinen zu lassen, dass sich die vorliegende Arbeit mit einem so unbekannten Philosophen beschäftigt.

Dass ich aber aus dem reichen Stoff, den Tetens in seinem Werke bietet, gerade die Lehre von der Wahrnehmung im Allgemeinen sowie von dem Ursprung unserer Kenntnis von der objectivischen Existenz der Dinge gewählt und dargestellt habe, bedarf wohl kaum der Begründung. Allerdings ist in den erkenntnisstheorethischen Untersuchungen der neueren Psychologie der Begriff der Wahrnehmung, wie ihn Tetens fasst, zurückgetreten und finden wir dieses Wort vielfach im Gegensatz zu Empfindung und Vorstellung, den einzelnen Elementen, als zusammenfassende Bezeichnung des sinnlichen Erkenntnisprocesses verwandt. Es dürfte darum gewagt erscheinen, neben diese beiden Hauptbegriffe als

---

[1] Jürgen Bona Meyer: Kant's Psychologie (Berlin 1870) p. 291.

gleichberechtigtes Element den Begriff der Wahrnehmung einzuführen, aber vielleicht bewährt sich auch hier die Wahrheit des alten: „divide et impera". Jedenfalls erscheint es mir als ein nicht geringer Vorzug der Tetens'schen Erkenntnistheorie, dass durch Einführung und Praecisirung des Begriffs der Wahrnehmung als eines Ausflusses der Denkkraft das objective und das subjective Element des Erkenntnisprocesses leichter und schärfer getrennt wird, als es bei der Zweiteilung in **Empfindungen** und **Vorstellungen** geschieht An diese ersten Untersuchungen habe ich die Lehre Tetens' von der Erkenntnis der objectivischen Existenz der Dinge angeschlossen, weil sie gleichsam einen Beweis für die **Brauchbarkeit** der Tetens'schen Erkenntnislehre liefert. Diese Ausführungen dürften umsoeher ein allgemeineres Interesse finden, als Tetens diese so überaus schwierige und wichtige Frage nicht vom Standpunkt des Metaphysikers, sondern vom Standpunkt eines empiristischen Psychologen aus behandelt.

Erscheinen nun auch die Resultate, zu denen Tetens im Verlauf seiner Untersuchungen gelangt, vielfach im Einzelnen veraltet, so scheint der Gang seiner Untersuchung und die Art seines Verfahrens umsomehr der Beachtung und der Nachahmung wert zu sein. Er selbst gibt seinen Grundsatz dahin an, dass es sein fester Vorsatz gewesen sei, auf nichts zu fussen, als was entweder unmittelbare Beobachtung sei, oder evidente und durch die Übereinstimmung der Beobachtungen bestätigte Vernunft. Diese Absicht vor Augen, habe er es versucht, die Fähigkeiten der Seele in die einfachsten Vermögen aufzulösen und den ersten Anfängen dieser Vermögen in der Grundkraft sich so weit zu nähern, als es möglich erschien. Ein auf so gesunden Grundsätzen aufgebautes System verdiente meiner Meinung nach mehr Beachtung als es bis jetzt gefunden hat.

Der Weg nun, den die vorliegende Arbeit eingeschlagen hat, ist der, dass in zwei gesonderten Hauptabschnitten die **Lehre Tetens von der Wahrnehmung** im Zusammenhang mit der ganzen Erkenntnistheorie, sodann die Ableitung unserer Erkenntnis von der objectivischen Existenz der Dinge aus den allgemeinen erkenntnistheoretischen Principien dargestellt wird. Sollte es mir nicht gelungen sein, die Ansichten Tetens' mit derjenigen Klarheit und Praecision darzulegen, die man sonst mit Recht von solchen Arbeiten verlangt, so bitte ich, einen Teil der Schuld auf Tetens selbst zu schieben, der, weit entfernt sein System zu entwickeln, es liebt innerhalb einer allgemeineren Überschrift, die einzelnen Gedanken zu entwickeln, ohne sie in einen engeren Zusammenhang zu bringen und ohne die einzelnen Gedankenreihen immer zu einem befriedigenden Abschlusse zu führen.

A. Erster Hauptteil.
Die Lehre von der Wahrnehmung.

1. *Die drei Grundvermögen der Seele.*

Hatten wir oben mit Zeller die Stellung Tetens' als eine selbständige bezeichnet, so finden wir dieses Urteil bestätigt, wenn wir sehen, wie sich Tetens keiner der damaligen psychologischen Theorien ganz anschliesst, sondern einen eigenen Standpunkt im Gegensatz zu ihnen zu gewinnen sucht. Wenn Leibnitz sich bemühte, Alles aus angeborenen Vorstellungen abzuleiten und wenn die Empiristen das sinnliche Empfindungsvermögen als einzige Quelle unserer Erkenntnis ausgeben, so machen sich nach Tetens Ansicht beide der Einseitigkeit schuldig. Zu erklären sei diese Einseitigkeit zwar aus dem allgemeinen Bestreben der Philosophie, Alles auf möglichst einfache Principien zurückzuführen, aber zu entschuldigen sei sie nicht. Denn entweder würden bei diesen Bestrebungen wichtige und gleichberechtigte Quellen der Erkenntnis übersehen, oder es würden unter dem einen Namen der inneren Vorstellung oder der Sensation so viele verschiedene Functionen des Erkenntnisvermögens gewaltsam zusammengefasst, dass das Resultat mehr in einem gemeinsamen — aber vielumfassenden Namen, als in einem einheitlichen Begriffe bestehe. An derselben Einseitigkeit und Ungenauigkeit der Beobachtung und Willkühr der Behauptungen leide der Skepticismus. Wenn gegen ihn aber die schottische Schule den „common sense" in's Feld führe, so sei für die wissenschaftliche Lösung der Frage von der Zuverlässigkeit unserer Erkenntniss nichts geleistet. Durch diesen Appell an den gemeinen Menschenverstand und die Zuverlässigkeit seiner Urteile würden die Verhandlungen vor der Zeit abgebrochen, statt zu einem befriedigenden Resultat und zur Widerlegung des Skepticismus zu führen. Schliesslich sei auch mit der Zurückführung der geistigen Vorgänge auf Schwingungen der Gehirnfibern nichts erreicht. Denn einmal sei der Weg, den Bonnet hiermit eingeschlagen habe, deshalb der verkehrte, weil er von einer unerwiesenen Hypothese seinen Ausgangspunkt nehme, sodann würden aber die Schwierigkeiten nur vermehrt, da uns noch jede Einsicht in die Beschaffenheit des Gehirnmechanismus fehlte.

Im Gegensatz zu allen diesen verschiedenen Richtungen bildet sich Tetens nach dem oben angeführten Grundsatz seine eigene Ansicht und formuliert diesen allgemeinen Grundsatz für die Untersuchung unserer Erkenntnisquellen dahin[1], dass er es als seine Aufgabe ansieht: „alle Modificationen der Seele so nehmen, wie sie durch das Selbstgefühl erkannt werden; diese sorgfältig wiederholt, und mit Abänderungen der Umstände wahrnehmen, beobachten, ihre Entstehungsart und die Wirkungsgesetze der Kräfte, die sie hervorbringen, bemerken, alsdann die Beobachtungen vergleichen, auflösen und daraus die einfachsten Vermögen und Wirkungsarten und deren Beziehung auf einander aufsuchen".

Diesem Grundsatz gemäss unterscheidet nun Tetens in der Seele, soweit wir sie als erkennendes und denkendes Vermögen beobachten, drei Hauptrichtungen der Thätigkeit, auf die sich alle Äusserungen dieser beiden Vermögen zurückführen lassen: sie empfindet, sie hat Vorstellungen von Sachen, Beschaffenheiten und Verhältnissen und sie denkt.

Versuchen wir zunächst in aller Kürze zu skizzieren, was Tetens unter dem Empfindungsvermögen und der vorstellenden Thätigkeit versteht, so können wir nicht umhin, zuvörderst auf den eigentümlichen Sprachgebrauch hinzuweisen, dessen Tetens sich in Anwendung des Wortes „Gefühl" bedient. Während nämlich die moderne Psycho-

---

[1] Einleitung pag. IV.

logie¹) Empfindung und Gefühl von einander so streng als möglich trennt und sie als zwei, wenn auch eng verbundene, so doch aus einander nicht ableitbare Leistungen bezeichnet, indem sie Gefühl ausschliesslich für die, die Empfindungen begleitenden Zustände von Lust und Unlust in Anspruch nimmt, verwendet Tetens Gefühl und Empfindung einerseits, Gefühl und Empfindungsvermögen andrerseits geradezu als Synonima. Tetens giebt zwar an einer Stelle²) den Unterschied zwischen beiden Ausdrücken dahin an, dass Empfindung mehr auf den Gegenstand des sinnlichen Eindrucks, Fühlen dagegen mehr auf den Act der Aufnahme des Eindrucks geht, aber diese Unterscheidung hat umso geringeren Wert, als ihr Tetens selbst im Einzelnen nicht treu bleibt. Was die neuere Psychologie unter Gefühl versteht, ist nach Tetens Ansicht nicht auf ein besonderes Vermögen der Seele zurückzuführen, sondern als eine besondere Modification der **Empfindung** aufzufassen. Diese besonderen Modificationen der Empfindungen nennt er „**Empfindnisse**" und er versteht darunter die Eindrücke, welche die einzelnen Empfindungen auf unseren jeweiligen Zustand ausüben³).

„Wir fühlen und empfinden nicht nur die absoluten Beschaffenheiten der Dinge und ihre objectivischen Verhältnisse unter einander, sondern auch die Verhältnisse und Beziehungen der Gegenstände und der Veränderungen auf unseren jetzigen Zustand, wir empfinden die Dinge mit ihren Eindrücken und Wirkungen in uns, die sie in Gemässheit ihrer Beziehungen auf uns hervorbringen" und diese Eindrücke und Wirkungen in uns machen die Empfindnisse aus.

Object des Empfindungsvermögens oder des Gefühles ist nun ausschliesslich das Absolute; Tetens unterscheidet, jenachdem das Absolute sich in den Dingen ausser uns oder

---

1) Hermann Lotze, Grundzüge der Psychologie; ed. Robert Lotze Leipzig 1881.
2) pag. 167.
3) pag. 190.

in uns befindet, äussere und innere Empfindungen. Den Inhalt der äusseren Empfindungen machen zunächst zwar die objectiven Beschaffenheiten der Dinge selbst aus, dann aber auch gewisse absolute Eigenschaften, die den Verhältnissen der Dinge sowie den Verhältnissen der Einerleiheit oder Verschiedenheit oder den Verhältnissen der räumlichen und zeitlichen Ordnung zu Grunde liegen. Object der inneren Gefühle bilden alle inneren Modificationen der Seele. Bestehen diese inneren Modificationen der Seele in Äusserungen der Selbstthätigkeit, so werden sie zwar nicht gefühlt in dem Augenblick, in dem sie die Seele beschäftigen, sondern erst in ihren Nachwallungen empfunden. Denn da Selbstwirksamkeit und Gefühl derselben sich einander ausschliessen und gewissermassen verdrängen, so ist in diesem Falle Object der inneren Empfindung „nicht etwas was von unserer selbstthätigen Kraft hervorgebracht wird, sondern was schon hervorgebracht ist". In allen Fällen ist also das Gefühl das Vermögen, passive Modificationen in sich aufzunehmen. Können demgemäss nur objective und absolute Inhalte Gegenstände des Gefühls bilden, so tritt als weitere wichtige Bestimmung hinzu, dass wir nichts fühlen und empfinden, als was gegenwärtig ist und gegenwärtig auf unsere Seele und ihr Empfindungsvermögen einwirkt. Dieser Grundsatz erleidet auch dadurch keine Einschränkung, dass wir Vorstellungen von längst vergangenen Dingen und ihren Einfluss auf uns empfinden. Denn sehen wir genauer zu, so finden wir,[1]) dass wir auch in diesem Falle nicht das Vergangene oder Abwesende fühlen, sondern dass wir die gegenwärtig reproducierte Vorstellung empfinden, deren Inhalt allerdings etwas vergangenes ausmacht. Wir erinnern uns des ehemaligen Zustandes, aber nur den gegenwärtigen und die Einwirkung des vergangenen auf ihn fühlen wir. So finden wir zwar eine grosse Mannigfaltigkeit in den Gegenständen, die das Gefühl beschäftigen, finden auch bei genauerer Untersuchung eine grosse Abstufung in den Gra-

---

1) pag. 171.

den, in denen das Gefühl sich äussert, aber wir finden doch überall die einfache Äusserung desselben Vermögens, Veränderungen leidentlich in uns aufzunehmen und sie als solche zu empfinden.

Gehen wir nunmehr dazu über, in ähnlicher Weise die wichtigsten Bestimmungen über den Begriff der Vorstellungskraft anzugeben, so lassen die äusseren sowohl als die inneren Empfindungen gewisse Spuren in den Nachempfindungen zurück, die unter sich in demselben Verhältnis der Ähnlichkeit oder Verschiedenheit stehen, wie die Modifikationen, durch welche die Empfindungen verursacht sind. Aus diesen Spuren entstehen dadurch, dass sich ihnen die Vorstellungskraft zuwendet, die einfachen oder ursprünglichen Vorstellungen. Sie sind Vorstellungen oder Bilder, wie man sie aus der Empfindung resp. aus der Nachempfindung unmittelbar erlangt und werden demgemäss von Tetens auch als Empfindungsvorstellungen bezeichnet. Da nun nicht nur die Empfindungen der Aussendinge, sondern alle Modificationen der Seele solche Spuren oder Nachempfindungen zurücklassen, so knüpfen sich hieran nicht nur die Vorstellungen von äusseren Dingen, sondern auch von allen Seelenvorgängen:[1]) Vorstellungen von den einzelnen Vermögen und Thätigkeiten der Seele, von unserem Denken und Wollen, Vorstellungen von gegenwärtigen und vergangenen und, soweit es möglich ist, auch von zukünftigen Dingen. Diese von vorhergegangenen Veränderungen hinterlassenen Spuren dienen aber nicht nur zur Erzeugung der Empfindungsvorstellungen, sondern vermittelst ihrer vermag die selbstthätige Vorstellungskraft den ersten Eindruck, dem sie entsprungen sind, auch ohne dass der ursprüngliche Anlass wieder eintritt, in's Bewusstsein zurückzurufen. So sind diese Spuren und die Vorstellungen selbst, vermöge ihrer Analogie mit den ursprünglichen Veränderungen, eine Art von Zeichen, welche die Seele von ihren Veränderungen in

---

1) pag. 16.

sich aufbehält und **eigenmächtig** aus ihrem Innern wieder hervorzieht und von Neuem beobachtbar macht. Hierbei sind nun die reproducierten Vorstellungen, welche aus äusseren Empfindungen entstanden sind von denen aus inneren Empfindungen verschieden. Denn während diese nur auf unsere eigenen, inneren Veränderungen zurückweisen, weisen jene über die ursprünglichen Empfindungen hinaus auf die äusseren Objecte, von denen sie hervorgebracht sind. Ganz eigenmächtig verfährt allerdings die Vorstellungskraft bei dieser Reproduction nicht, sondern sie erscheint gebunden an die Gesetze der Association, nach denen die Vorstellungen selbst unter einander verknüpft sind. Nach diesen Gesetzen sind nämlich die Vorstellungen entweder nach der örtlichen oder zeitlichen Zusammengehörigkeit der Empfindungsvorstellungen oder nach der Ähnlichkeit der Vorstellungsinhalte untereinander verbunden. Bezeichnen wir mit Tetens die erste Äusserung der Vorstellungskraft, die Umbildung der Nachempfindungen in Empfindungsvorstellungen als Perception, die zweite, die Zurückrufung verdunkelter und eingewickelter Vorstellungen in's Bewusstsein, als Einbildungskraft oder Phantasie, so bleibt uns noch übrig, auf die dritte Äusserung der vorstellenden Kraft, auf das Dichtungsvermögen oder die selbstthätige Phantasie hinzuweisen. Vermittelst dieses Vermögens vermag die Vorstellungskraft nicht nur die Vorstellungen nach den Gesetzen der Association zu ordnen und zu reproducieren, sondern Vorstellungen zu schaffen, die für uns neu und einfach sind, da sie keiner der Empfindungsvorstellungen gleichen. Allein auch die Dichtungskraft kann, wie eine genauere Untersuchung ergiebt, keine wahrhaft neuen Elemente erschaffen. Wenn uns die von ihr gebildeten Vorstellungen neu erscheinen, so kommt das daher, dass sie Teile aus den verschiedensten einzelnen Empfindungsvorstellungen in eine so enge Verbindung gebracht hat, dass wir die ursprünglichen Bestandteile nicht wiedererkennen und ihre Producte deshalb für neue, einfache Vorstellungen ansehn. Vielmehr ist daran festzuhalten, dass der Stoff zu allen Functionen der Vorstellungskraft und darum auch zu allen Thätigkeiten der Denkkraft aus den Empfindungen geschöpft ist. Allerdings erfahren die Empfindungen, indem sie zuerst in Vorstellungen und sodann vermittelst der Wahrnehmungen in Ideen umgesetzt werden, vielfach so grosse Veränderungen, dass wir manchmal in den Ideen kaum den ursprünglichen Empfindungsinhalt wiedererkennen können.

Haben wir somit einen Überblick über die beiden ersten Grundäusserungen des Erkenntnisvermögens, über das Empfindungsvermögen und die vorstellende Kraft gewonnen, so führt uns unsere Hauptaufgabe, die Darstellung der Lehre von der Wahrnehmung, zur dritten Äusserungsform, zum Denken. Tetens bezeichnet nämlich das Wahrnehmen[1] „als eine Art und zwar als die einfachste Art von den Äusserungen der Denkkraft, das heisst des Vermögens, womit die Seele Verhältnisse und Beziehungen in den Dingen erkennt" und unterscheidet von der Vorstellung als Perception die Wahrnehmung als Apperception.

2. Die Lehre von der Wahrnehmung.

Treten wir nunmehr der Lösung der Hauptaufgabe unseres ersten Teiles, der Darstellung von der Lehre der Wahrnehmung, näher, so liegt die grösste Schwierigkeit in der Anordnung des Stoffes. Haben wir es schon oben als eine Eigentümlichkeit Tetens bezeichnet, dass er nicht seine Ansichten systematisch entwickelt, sondern die Gedanken ohne enge Verknüpfung und ohne strenge Ordnung aneinanderreiht, so möchte ich hier auf zwei Gefahren aufmerksam machen, die diese Schreibart mit sich bringt und die von Tetens nicht völlig vermieden sind: die Ausführungen leiden

---

[1] Anmerkung. An Stelle der bei Tetens gebrauchten Ausdrücke: Gewahrnehmung und gewahrnehmen habe ich die entsprechenden Worte unserer jetzigen Ausdrucksweise: Wahrnehmung und wahrnehmen eingesetzt.

leicht an allzugrosser Breite, wiederholen sich sogar gelegentlich und es laufen im Einzelnen leicht Widersprüche mit unter. Dass aber diese beiden Mängel die Schwierigkeit, den Stoff systematisch darzulegen, bedeutend erhöhen, ist leicht einzusehen. Harms ist dieser Schwierigkeit, die sich gerade bei der Darstellung von der Theorie der Wahrnehmung besonders geltend macht, dadurch aus dem Wege gegangen, dass er sich darauf beschränkt, einige wenige Puncte aus der Lehre von der Wahrnehmung herauszugreifen und nebeneinander zu stellen. Ist es mir nun auch wohl nicht gelungen, die zerstreuten Gedanken in ein logisch gegliedertes Ganze zu bringen, so mag es doch zur Orientierung dienen, wenn ich die Gesichtspuncte angebe, nach denen ich die Darstellung geordnet habe.

Nach Abgrenzung des Begriffes der Wahrnehmung gegen verwandte Begriffe handelt der erste Teil von den beiden Vorbedingungen der Wahrnehmung, von der intensiveren Bearbeitung des Eindrucks vermittelst des Gefühls und der Vorstellungskraft und von der Zurückbeugung dieser Vermögen. Der zweite Teil behandelt dann die beiden den eigentlichen Act der Wahrnehmung ausmachenden Elemente: die Hinzufügung der letzten Grade der Klarheit und die Erzeugung des Verhältnisgedankens. Hieran schliesst sich in einem dritten Teil die Untersuchung darüber, ob die Wahrnehmung etwas passives sei und sind in einem abschliessenden Teil die Hauptgedanken Tetens über die Zurückführung der drei Seelenvermögen auf eine Grundkraft zusammengestellt.

I. Abgrenzung des Begriffs.

Versuchen wir dieser Disposition gemäss zunächst den Begriff der Wahrnehmung von anderen verwandten Begriffen abzusondern, so folgen wir hierbei den Ausführungen, die Tetens im ersten Abschnitt seines dritten Versuches „über das Wahrnehmen und das Bewusstsein"[1] bietet. „Bemerken"

---

1) pag. 262.

so führt Tetens aus, sagt mehr, als er unter Wahrnehmen verstanden wissen wolle. Es setzt ein Wahrnehmen schon voraus, denn „wer etwas bemerkt, sucht an der wahrgenommenen Sache ein Merkmal auf, woran sie auch in der Folge wahrgenommen und ausgekannt werden könne". Auf der anderen Seite deckt sich auch der Begriff des Wahrnehmens nicht mit dem, was wir unter dem Ausdruck, „sich einer Sache bewusst sein" verstehn. Denn auch hier wird die Wahrnehmung der betreffenden Sache als vorhergegangen vorausgesetzt. Bei dem „sich bewusst sein" verbindet sich dann mit dieser Wahrnehmung ein Gefühl besonderer Art, in dem man den Gegenstand der Wahrnehmung oder dessen wahrgenommene Vorstellung und sich selbst als unterschieden fühlt. Am nächsten von allen verwandten Begriffen kommt dem Wahrnehmen das „Unterscheiden", wie denn auch Tetens[1]) mehrmals das Wahrnehmen geradezu ein Unterscheiden nennt. Aber während bei der Wahrnehmung eine einzelne Sache oder Vorstellung abgesondert und als eine besondere gedacht wird, müssen beim Unterscheiden schon zwei Gegenstände wahrgenommen und ihre Ideen im Bewusstsein auf einander bezogen sein. Im Gegensatz zu allen diesen verwandten Begriffen will Tetens unter „Wahrnehmung" diejenige einfache Äusserung unserer Erkenntniskraft verstanden wissen, in der die Seele zu sich selbst gleichsam sagt: „Siehe", und diese Äusserung tritt dann ein, wenn sie einen Gegenstand, oder vielmehr dessen Vorstellung als eine besondere fasst, sie unter anderen auskennt und unterscheidet.

II. Vorbedingungen der Wahrnehmung.

a. Intensivere Bearbeitung des Eindrucks.

Doch fragen wir uns nun, wie die Seele zu dieser Äusserung ihrer Erkenntniskraft kommt, so bemerkt Tetens nicht ohne Grund vorweg, dass diese Untersuchung über die Vorbedingungen der Wahrnehmung eine überaus schwierige sei.

---

[1] Cfr. pag. 262 und pag. 280.

Da wir nämlich nicht in demselben Augenblick, in dem wir wahrnehmen, darauf achten können, was dabei in uns vorgeht, so können wir uns nur hinterher vermöge der Reflexion eine ungefähre Vorstellung davon machen, was bei der Wahrnehmung selbst geschieht und wodurch sie hervorgerufen ist. Doch glaubt Tetens zwei Vorbedingungen erkannt zu haben, ohne die die Wahrnehmung nicht zu Stande kommen kann: erstens muss die Vorstellung, durch die man einen Gegenstand wahrnimmt, vorzüglich lebhaft in uns gegenwärtig und abgesondert sein, und zweitens müssen Gefühl und Vorstellungskraft bei der Wahrnehmung auf den wahrgenommenen Gegenstand zurückgebogen sein.

Der ersten Bestimmung gemäss muss also die Empfindung oder die Vorstellung, durch welche man einen Gegenstand wahrnimmt, vorzüglich lebhaft in uns gegenwärtig und abgesondert von anderen sein. Die Vorstellungskraft muss die Empfindung nicht nur percipiert haben, sondern sie durch intensivere Bearbeitung in eine hervorragende Stellung versetzt haben. Fragen wir nun, wie die Vorstellungskraft dazu kommt, sich gerade mit dieser einzelnen Vorstellung so besonders zu beschäftigen, so scheint es mir, als wenn Tetens diese Frage nicht genugsam erwogen und darum auch nicht in einer zufriedenstellenden Weise gelöst hätte. Er stellt dieses Postulat für die Entstehung der Wahrnehmung als ein Ergebnis der Erfahrung hin, ohne es näher zu begründen. Er giebt Leibnitz darin Recht,[1]) dass er den Grund und Boden unserer Seele aus unwahrgenommenen Vorstellungen bestehen lässt, unter denen die Vorstellungen, deren wir uns bewusst sind, einzelne hervorragende Teile bilden. Woher es aber kommt, dass aus dieser Menge unwahrgenommener Vorstellungen einzelne sosehr hervorragen, dass sie zu beachteten Vorstellungen werden, diese Frage lässt er offen, oder beantwortet sie wenigstens in einer höchst problematischen Weise. Unter Anderem sagt

---

1) pag. 265.

er[1]): „Die Veranlassung, warum ich eben dies Ding und nicht ein anderes wahrnehme, mag sein, welche sie wolle: sie mag in mir oder vorzüglich im Object liegen, es mag Vorsatz oder Zufall sein, so bleibt nur gewiss, dass ich dann, wenn ich wahrnehme, auf eine vorzügliche Art mit der Empfindung dieses Gegenstandes beschäftigt werde". Auch die Bemerkung, die Tetens hieran knüpft: dass jede appercipierte Vorstellung die Kraft der Seele vorzüglich anziehe wirft auf diese Frage kein Licht, da eine appercipierte Vorstellung eben eine wahrgenommene Vorstellung ist und hiermit wohl nur soviel gesagt sein soll, dass die übrigen Äusserungen der Denkkraft erst auf eine Sache angewandt werden können, wenn sie durch die Wahrnehmung in's Bewusstsein gehoben, oder von einer Vorstellung zur Idee von der Sache gemacht ist. Schliesslich dient es auch nicht zur Lösung dieser Frage, wenn Tetens jede appercipierte Vorstellung eine beachtete Vorstellung nennt. Denn wenn er in der Erläuterung dieses Satzes sagt: dass bei der beachteten Vorstellung sich das vorstellende Vermögen der Seele ausnehmend beschäftigt habe, so bleibt es noch immer unentschieden, was die Vorstellungskraft veranlasst habe, sich gerade mit dieser Vorstellung ausnehmend zu beschäftigen.

Doch lassen wir diese Schwierigkeit einstweilen auf sich beruhen, so steht soviel als die Ansicht Tetens fest, dass Gefühl und Vorstellungskraft sich mit der Vorstellung, die wahrgenommen wird, ausnehmend beschäftigt haben müssen, und dass durch diese besondere Bearbeitung die Vorstellung selbst abgesondert und besonders vergegenwärtigt ist. Im Einzelnen nennt Tetens diese intensivere Thätigkeit des Gefühls und der vorstellenden Kraft Beschauung und Beachtung. Allerdings will er unter Beschauung nicht, wie es nahe liegt, denjenigen Act des Erkenntnisvermögens verstanden wissen, in dem wir unsere Sinne auf einen schon wahrgenommenen Gegenstand hinwenden, um ihn in seinen

---

[1]) pag. 281.

einzelnen Teilen noch klarer und deutlicher zu erkennen, sondern hier soll Beschauen die erste gleichsam primitive intensivere Anwendung des Gefühls bedeuten, den Act, in dem das Empfindungsvermögen einen Eindruck ganz und voll auf sich wirken lässt. Tetens drückt sich allerdings bei dieser Gelegenheit, wie mir wenigstens scheint, wenig correct aus, wenn er sagt, dass eine solche Beschäftigung der Sinne, wie er sie unter Beschauung verstanden wissen will, zu „dem Wahrnehmen der Dinge in der Empfindung" gehöre. Denn da er Empfinden als das Vermögen, Modificationen in sich aufzunehmen fasst, Wahrnehmen dagegen als einen Act der Selbstthätigkeit bezeichnet, so kann er von einem Wahrnehmen in der Empfindung eigentlich gar nicht sprechen. Ja, es mag sogar zweifelhaft erscheinen, ob Tetens mit Recht eine vorzügliche Anwendung des Empfindungsvermögens unter die directen Vorbedingungen der Wahrnehmung zählen kann. Denn nach anderen Stellen[1]) ist seine Ansicht die, dass, solang wir blos empfinden, das ist, blos fühlend auf einen Eindruck von aussen oder auf die durch innere Kräfte in uns verursachten Modifikationen zurückwirken, das Wahrnehmen nicht zu Stande kommen könne; die Empfindung müsse zum mindesten zuvor in eine Empfindungsvorstellung übergegangen sein. In demselben Sinne spricht er sich an einer Stelle[2]) unseres dritten Versuches aus, wo er ausführt, dass sich die Wahrnehmung eines empfundenen Gegenstandes nicht sowohl mit der ersten Aufnahme des sinnlichen Eindrucks und mit der Empfindung desselben, als vielmehr mit der Nachempfindung verbinde; und zwar mit der Nachempfindung nur dann, wie wir soeben gesehen haben, wenn diese in eine Empfindungsvorstellung übergegangen ist. Somit kann, wie mir scheint, die vorzügliche Anwendung des Empfindungsvermögens nur eine indirecte Vorbedingung des Wahrnehmens genannt werden. Denn eine vorzügliche An-

---

1) pag. 594.
2) pag. 264.

wendung des Vorstellungsvermögens ist allerdings nur möglich, wenn wir zuvor das Empfindungsvermögen auf den betreffenden Eindruck vorzüglich angewandt oder hingewandt haben und uns so gleichsam genügend haben modificiren lassen. Je deutlicher die erste Empfindung war, umso vollständiger wird auch die Nachempfindung und die mit ihr verbundene Empfindungsvorstellung sein, sodass allerdings auch dass Empfindungsvermögen das seine dazu beiträgt, die Vorstellung in eine beachtete Stellung zu erheben.

b. Zurückbeugung von Gefühl und Vorstellungskraft.

Empfindungsvermögen und Vorstellungskraft, sind also zunächst vor dem Act der Wahrnehmung insofern notwendig, als durch sie die Vorstellung in die beachtete Stellung gehoben wird. Dieselben Vermögen bilden aber auch, indem sie auf die beachtete Vorstellung zurückgebogen sein müssen, die zweite Bedingung zur Entstehung der Wahrnehmung. Wie die Erfahrung lehrt, ist das Gefühl sowohl wie die vorstellende Kraft nur zu geneigt, von einem Eindruck zum anderen, von einer Vorstellung zur anderen zu eilen. Soll es aber zu einer Wahrnehmung kommen, so müssen beide Vermögen in dieser ihrer Neigung gehemmt werden. Denn bei einer genaueren Untersuchung des Actes der Wahrnehmung findet Tetens, dass auch hier beide Vermögen einen Ansatz, auf andere Eindrücke sich zu wenden, gemacht hatten, dass sie aber auf die beachtete Vorstellung zurückgebogen seien. Eine Ausnahme erleidet diese Regel auch dann nicht, wenn uns ein Gegenstand unerwartet aufstösst und er durch diese seine abgesonderte Stellung die erste Bedingung, die vorhergehende besondere Bearbeitung durch Gefühl und Vorstellungskraft unnötig macht. Denn auch in diesem Fall ist die Vorstellungskraft nur zu geneigt, von dem besonderen Gegenstand zu seiner Umgebung, von der beachteten Vorstellung auf andere abzuschweifen und muss sie auch in diesem Falle in diesem Bestreben behindert und auf die abgesonderte Vorstellung zurückgebogen, reflectiert (re-flectere) werden, damit es zu einer Wahrnehmung kommen könne. Auch hier könnte man zweifeln, ob Tetens neben die Zurückbeugung der Vorstellungskraft mit Recht die Zurückbeugung des Gefühles als notwendig bezeichnet. Allein auch das Vermögen, Modificationen in sich aufzunehmen, verweilt selten länger bei einem Eindruck und liebt eine schnelle Veränderung der Eindrücke. Soll es darum zu einer klaren Vorstellung kommen, so muss auch das Gefühl zurückgebogen werden; denn je länger sich die Seele von einem einzelnen Eindruck modificieren lässt, umso prägnanter und schärfer wird die entsprechende Empfindung und die in der Nachempfindung zurückgelassene Spur sein. Haben wir die beiden bisher besprochenen Puncte als Vorbedingungen der Wahrnehmung bezeichnet, so lag die Anschauung zu Grunde, dass Gefühl und Vorstellungskraft ihre intensivere Bearbeitung auf den Eindruck, zuvor haben ausüben müssen und dass sie auf die beachtete Vorstellung zurückgebogen sein müssen, bevor die eigentliche Wahrnehmung eintreten kann. Mit einer etwas anderen Wendung dieses Gedankens liessen sich die beiden bisher besprochenen Puncte auch als der erste, einleitende Act der Wahrnehmung zusammenfassen, nicht nur wegen der zeitlichen Einheit, in der sie sich unter einander und zugleich mit dem, was das Wesen der Wahrnehmung ausmacht, verbinden, sondern auch die Kraft, die diese beiden Vermögen zur intensiveren Thätigkeit anreizt und auf die beachtete Vorstellung zurückbeugt, ein mit der Wahrnehmung verbundener Ausfluss der Denkkraft ist. Spricht sich auch Tetens, so weit mir bekannt ist, nirgends zusammenhängender über den Begriff der Aufmerksamkeit und ihr Verhältnis zur Wahrnehmung aus, so liegt es doch nach den gelegentlichen Äusserungen zwar einerseits nahe, die Aufmerksamkeit in weiterem Sinne als jede Anstrengung des Erkenntnisvermögens, es sei unseres Gefühls, unserer Vorstellungskraft oder auch unserer Denkkraft anzusehen, es hindert aber auch andrerseits nichts, die Aufmerksamkeit in engerem Sinne der Denkkraft besonders zuzueignen, und sie den Äusserungen des Gefühls und der Vorstellungskraft gegenüber als die bewegende Ursache hinzustellen. Von hier aus lässt sich dann auch die oben ungelöst gelassene Frage, wodurch die Vorstellungskraft veranlasst werde, eine Vorstellung besonders zu bearbeiten, dahin lösen, dass wir ihr als bewegende Ursache die Aufmerksamkeit zuweisen. Wir glauben zu dieser Annahme umso mehr berechtigt zu sein, als wir nach Tetens Ausführungen[1]) nicht nur ohne einigen Grad von Aufmerksamkeit nichts wahrnehmen sondern auch die verschiedene Deutlichkeit der Vorstellungen ausdrücklich auf die Aufmerksamkeit der Beobachtung zurückgeführt wird.

III. Die eigentliche Wahrnehmung.

a. Hinzufügung der ideellen Klarheit.

Treten wir nun in unserem dritten Teil der Frage näher, was denn eigentlich das Wesen der Wahrnehmung ausmache, so können wir auch hier zwei Hauptpuncte nennen, um die sich die meisten anderen, von Tetens nebenbei berührten Fragen verhältnismässig leicht gruppieren lassen. Als diese beiden das Wesen der Wahrnehmung constituierenden Momente, wodurch die Wahrnehmung gegen die Empfindung einerseits und gegen die Vorstellung andrerseits abgegrenzt wird, giebt Tetens an:

I. die Denkkraft fügt in der Wahrnehmung zur Vorstellung den letzten Grad der Klarheit und macht sie in dem Act der Apperception selbst völlig apperciptibel, und

II. die Denkkraft fügt in der Wahrnehmung den Verhältnisgedanken als ein subjectives Moment zu dem absoluten Inhalt, den die Empfindung liefert, hinzu.

Gehen wir zunächst auf die Behandlung des ersten Punctes ein, so müssen wir, um Tetens ganz zu verstehen, etwas weiter ausholen und auf die Ausführungen über die

---

[1]) pag. 289 und 97.

bildliche und ideelle Klarheit eingehen, die er im 12ten Abschnitt seines ersten Versuches[1]) in einer nicht gerade leicht verständlichen Weise anstellt. Hier unterscheidet Tetens Vorstellung und Idee und stellt den Begriff der Idee dahin fest, dass sie eine appercipierte, oder eine, vermittelst der Wahrnehmung in's Bewusstsein aufgenommene Vorstellung sei, die der Seele dann als ein leserliches Zeichen einer vorhergegangen äusseren oder inneren Modification gelte. In Analogie mit dieser Unterscheidung nimmt er einen zwiefachen Grad von Klarheit, eine bildliche und eine ideelle Klarheit an; indem er diese den Ideen, jene dagegen den Vorstellungen ausschliesslich zuerkennt. Die bildliche Klarheit ist ein Erzeugniss der Vorstellungskraft. Durch intensivere Bearbeitung, also durch Beachtung, werden die dunklen Vorstellungen, denen noch die Analogie mit ihren Objecten fehlt, stärker hervorgehoben und von den übrigen Modificationen der Seele so abgesondert, dass sie unterscheidbare Vorstellungen von bestimmten Objecten werden. Dieser Unterscheidbarkeit oder dieser bildlichen Klarheit als potentia entspricht nun actu die ideelle Klarheit, das Unterschiedensein, das allein den Ideen zukommt. In unserem Versuche versucht nun Tetens die überaus schwierige Frage zu lösen, ob die Unterscheidbarkeit in der Vorstellung vorhanden sein könne, ohne dass das Unterschiedensein eintrete, oder, um die Frage noch zu praecisieren, ob es Vorstellungen gebe, die alle bildliche Klarheit besitzen, die also genügend abgesondert und bearbeitet sind, um appercipiert zu werden und die deshalb doch nicht appercipiert werden: oder: ist die Materie der bildlichen Klarheit der Vorstellungen völlig gleich der Materie der ideellen Klarheit, oder erhalten die Vorstellungen erst durch einen Act des Wahrnehmungsvermögens die volle Klarheit, sodass sie erst durch diesen Act selbst mit Bewusstsein belebt und zu Ideen werden?

Um diese Frage, die im engsten Zusammenhange mit

---

1) pag. 95 sq.

seiner Lehre von der Wahrnehmung steht, zu lösen, vergleicht Tetens die erste Empfindungsvorstellung mit der durch die Phantasie reproducierten Vorstellung, da diese nur eine appercipierte, dass heisst eine in's Bewusstsein aufgenommene und zur Idee erhobene Vorstellung sein könne. Diese Vergleichung ergiebt nun leicht, dass wir bei der reproducierten Vorstellung nichts mehr bemerken, als was wir bei der ursprünglichen Vorstellung wahrgenommen haben. Diese Erfahrung, deren Richtigkeit schwerlich bestritten werden kann, benutzt Tetens, um nachzuweisen, dass erst die Wahrnehmung selbst die Vorstellung zu ihrer ideellen Klarheit erhebe. Fände nämlich der entgegengesetzte Fall statt und gäbe es in der Vorstellung einzelne Züge, die vollständig apperciptibel waren und doch nicht wahrgenommen wurden, so müssten sie doch Spuren hinterlassen haben und müssten bei der Reproduction dieser Vorstellungen diese damals nicht wahrgenommenen Züge ebenso hervortreten wie die wahrgenommenen. Man braucht dann nur die Aufmerksamkeit auf diese dunkelen Züge der reproducierten Vorstellung zu werfen, um auch sie, da sie ja ursprünglich die volle bildliche Klarheit besassen, zur ideellen Klarheit zu erheben. Dies ist aber, wie die Erfahrung lehrt, nicht der Fall, sondern trägt die reproducierte Vorstellung oder das Phantasma, wie wir es mit Tetens als ein Product der Phantasie bezeichnen können, nur die Züge als erkennbar an sich, die auch bei der ersten Wahrnehmung bewusst aufgenommen sind. Es findet sich in dem Phantasma kein einziger Zug, der bei der ursprünglichen Wahrnehmung unbeachtet geblieben wäre, der aber jetzt bei der Reproduction appercipiert werden könnte. Demgemäss erscheint es in hohem Grade wahrscheinlich, dass die Wahrnehmung selbst erst der Vorstellung die völlige Klarheit verleiht und sie erst in demselben Augenblick und durch denselben Act, durch welchen sie dieselbe appercipiert, apperciptibel macht.

Die Wahrscheinlichkeit dieser Annahme erleidet auch dadurch keine Beeinträchtigung, dass man manchmal in der reproducierten Vorstellung Beschaffenheiten wahrzunehmen glaubt, die man sich nicht erinnert, bei der ersten Wahrnehmung bemerkt zu haben. Sehen wir nämlich genauer zu, so ergiebt sich, dass die meisten solcher im Phantasma neu auftretenden Züge auf Verhältnissen und Beziehungen beruhen und mit dem absoluten Inhalt der Vorstellung nichts gemein haben. Bei der eingehenderen Beschäftigung in der Erinnerung, vergleicht und verknüpft die Denkkraft die einzelne Vorstellung mit anderen Vorstellungen und treten durch diese Vergleichung Züge hervor, die zwar nicht bei der ersten Wahrnehmung unbeachtet geblieben sind, die aber jetzt mehr in den Vordergrund getreten sind.

Andere Züge, selbst Züge absoluten Inhaltes, die wir erst bei der durch Einbildung wieder hervorgerufenen Vorstellung wahrnehmen, erweisen sich bei näherer Untersuchung als Zuthaten der Dichtkraft. Die selbstbildende Phantasie trägt vermöge der Ideenassociation in die reproducierte Vorstellung Züge, die sie anderswoher entlehnt hat. „Haben wir", so führt Tetens beispielsweise an[1]), „eine Person einigemal mit einer gewissen Kleidung gesehen und nun dieselbe Person das letzte Mal an einem Orte gesehen, wo wir auf die Farbe der Kleidung nicht achteten, so werden wir bei der Wiedererinnerung an die letztgehabte Empfindungsvorstellung sie uns in demjenigen Kleide vorstellen, worin wir sie die mehreren Male gesehen haben."

Schliesslich spricht gegen die obige Annahme auch nicht die Erfahrung, dass wir uns häufig bei der Wiedererinnerung erst nach längerem Nachdenken eines einzelnen Zuges entsinnen. Erinnern wir uns des gewünschten Zuges schliesslich so ist das nicht darauf zurückzuführen, dass wir etwa diesen einzelnen Zug von Neuem appercipieren, indem wir uns der Vorstellung in ihrer bildlichen Klarheit erinnern, sondern es kommt daher, dass wir den betreffenden Zug, obwohl wir ihn damals wahrgenommen hatten, vergessen

---

1) pag. 269.

haben und werden wir uns seiner erst dann wieder gewiss, wenn die reproducierte Vorstellung mit der ursprünglich wahrgenommenen Vorstellung übereinstimmt. „Denn nichts ist gewisser, als dass wir Dinge vergessen, obwohl wir uns ihrer in einem hohen Grade bewusst gewesen sind."

Sind so alle Einwände, die man etwa gegen die Annahme, dass das Wahrnehmungsvermögen selbst die letzten Grade der Klarheit der Vorstellung verleihe, abgewiesen, so versucht Tetens noch in einem zweiten, einer Art deductiven Beweis, die Richtigkeit seiner Ansicht zu stützen. Ausgehend von der Erfahrungsthatsache, dass kein Ding mit selbstthätiger Kraft nur passiv Modificationen annehme, sondern auf gegebenen Anlass selbstthätig reagiere und seinerseits den Eindrücken einen eigenen Charakter aufpräge, gelangt er zu dem Schluss, dass auch die Seele nicht ihr Bewusstsein auf die völlig fertige Vorstellung drücke, sondern dass sie in der Wahrnehmung den Vorstellungen ihren eigenen Charakter aufdrücke, indem sie dieselben zur völligen Apperciptibilität, und damit zugleich in's Bewusstsein erhebe.

Wie weit aber die bildliche Klarheit der Vorstellungen an sich geht, bevor die Wahrnehmungskraft sie völlig apperciptibel macht und wie weit die einzelnen Teile der Vorstellung unterscheidbar sind, bevor sie durch die hinzutretende ideelle Klarheit völlig unterschieden werden, das sind Fragen, deren Lösung Tetens wegen der Schwierigkeit der Untersuchung nicht zu lösen unternimmt. Können aber auch die Grenzen nicht genauer bestimmt werden, so steht doch so viel nach der Ansicht Tetens fest, dass erst durch die Apperception oder die Wahrnehmung selbst die Vorstellung die völlige Klarheit empfängt und dass ihre einzelnen Züge erst dann, wenn wir sie wahrnehmen dasjenige empfangen, was sie völlig leserlich für uns macht.

b. Hinzufügung des Verhältnisgedankens.

Aber dieser Act der Seele, wodurch die Vorstellung und ihre Teile ihre ideelle Klarheit empfangen, ist nicht der einzige, der das Wesen der Wahrnehmung ausmacht. Ja man könnte ihm, wenn man den obigen Ausführungen nur den Grad einer Hypothese zuspricht, sogar noch der Vorstellungskraft zuschreiben.[1]) Das wichtigste in dem Wesen der Wahrnehmung ist vielmehr dies, dass sie den Gedanken von einem Verhältnis erzeugt und erweist sie sich grade hierdurch als eine Äusserung der Denkkraft, das heisst, des Vermögens der Seele, womit sie Verhältnisse und Beziehungen in den Dingen erkennt.

Gehen wir nunmehr an die Darstellung dieses zweiten, das Wesen der Wahrnehmung ausmachenden Momentes, so wollen wir, um die so schwierige Untersuchung etwas zu erleichtern, die Wahrnehmung einfacher Empfindungsinhalte und die von Verhältnissen getrennt behandeln.

a. Bei einfachen Vorstellungen.

Wie wir schon gelegentlich angedeutet haben, macht Tetens einen scharfen Unterschied zwischen dem absoluten Inhalt einer Vorstellung und dem, was ihr als subjectives Moment von der Denkkraft beigelegt wird. Alles, was wir bisher behandelt haben, betraf den absoluten Inhalt der Vorstellung. Denn auch der letzte Grad von Klarheit, den das Wahrnehmungsvermögen den Vorstellungen verleiht, ist im

---

1) Anmerkung. Es scheint mir in den Ausführungen über diesen Punct (pag. 272, 11. Zeile v. o.) ein Druckfehler vorzuliegen. Denn wie die Worte jetzt heissen: „Sollte etwa das Wahrnehmen gar nichts anderes sein und in sich enthalten, als denjenigen Actus der Seele, wodurch das Bild oder seine Teile ihre bildliche Klarheit empfangen? oder ist der Actus des Gewahrnehmens nur darum mit dem letzteren zugleich verbunden, weil das Wahrnehmungsvermögen durch den letzteren d e m man noch d i e Vorstellungskraft zuschreiben kann, zur Wirksamkeit gereizt wird" scheinen sie mir unverständlich, während sie einen ganz guten Sinn erhalten wenn man liest: „weil das Wahrnehmungsvermögen durch den letzteren — nämlich durch den Act, wodurch die Vorstellung ihre bildliche Klarheit empfängt — d e n man noch d e r Vorstellungskraft zuschreiben kann zur Wirksamkeit gereizt wird."

Grunde kein subjectivisches Moment. Die Wahrnehmung ist nur das Mittel, durch das wir diese positiven Beschaffenheiten, die die Vorstellungskraft allein nicht zur Klarheit erheben kann, für uns erkenntlich machen. So ist es denn möglich, dass Tetens alle die bisher besprochenen Acte der Wahrnehmung: die vorzügliche Bearbeitung der Vorstellung, die Zurückbeugung von Gefühl und vorstellender Kraft und schliesslich, das Erheben der Vorstellung in die ideelle Klarheit zu einem Act zusammenfasst, den er die Besonderung nennt und dem er als den zweiten Act den Gedanken der Besondertheit gegenüberstellt. Die Absonderung umfasst nämlich alle die Thätigkeiten unseres Erkenntnisvermögens, „durch welche die Vorstellung stärker ausgearbeitet, ausgezeichnet, abgesondert und vorzüglich dargestellt wird." Erst wenn durch diese Thätigkeiten die Vorstellung eine beachtete Vorstellung geworden ist und die volle Klarheit empfangen hat, tritt derjenige Act der Wahrnehmung ein, den wir jetzt zu besprechen haben: der Gedanke, dass die Sache eine besondere ist. Dieser Gedanke von der Besondertheit der wahrgenommenen Sache ist darum eine Wirkung von dem ersten Act der Wahrnehmung, aber er wird doch von der Denkkraft zu dem bisherigen als etwas neues und ihr eigenes hinzugefügt. Hierin erscheint demgemäss die Wahrnehmung durchaus als eine neue Action,[1] „welche sich nach vorhergehender Empfindung und Vorstellung auf die letztere noch weiter fort äussert und sich auf dieselbe selbstthätig verwendet."

Das Gesagte wird uns vielleicht klarer, wenn wir den vergleichenden Ausdrücken, die Tetens hier in Anwendung bringt, ein wenig nachgehen. So bezeichnet Tetens diesen zweiten Act des Wahrnehmungsvermögens als ein „unterscheiden". In der That, in ihm unterscheidet die Denkkraft die gesonderte und beachtete Vorstellung von den übrigen, sie stellt sie zu ihnen in Vergleich und erkennt sie als eine besondere. Noch weiter führt es, wenn wir die Gedan-

---

[1] pag. 293.

ken ausführen, die sich aus dem Vergleich mit dem Urteilen ergeben. Ist die Wahrnehmung auch kein eigentliches Urteil, da dieses es mit der Beziehung von Ideen zu thun hat, durch jene aber erst Ideen erzeugt werden, so nennt sie doch Tetens eine Art von Urteilen, die das Wesentliche des Urteilens an sich hat. Wie wir nämlich im Urteilen zwei Ideen neben einander stellen und auf Grund dieser Beziehung ein Urteil fällen, das heisst, ein objectives Verhältnis der Dinge zum Eigentum unserer Erkenntniskraft machen, so halten wir auch in der Wahrnehmung zwar nicht zwei Ideen, aber doch Bilder gegeneinander und erhalten als Resultat dieser Gegeneinanderhaltung: dass wir die betreffende Vorstellung als eine besondere wahrnehmen, das will sagen, dass wir ein Verhältnis zwischen den Vorstellungen anerkennen, dem zwar etwas Objectivisches zu Grunde liegt — nämlich die vorhergegangene Besonderung — das aber doch für uns ohne Wert wäre, wenn wir nicht den Gedanken von diesem Verhältnis zur Besonderung hinzufügten.

Tetens versäumt es, sich zusammenhängend darüber auszulassen, welcher Art denn eigentlich die Vorstellungen sind, mit denen das Wahrnehmungsvermögen die abgesonderte Vorstellung vergleicht. Doch ist es nicht allzu schwer, seine Meinung aus dem, was er gelegentlich hierüber äussert, zusammenzustellen. In der Regel beziehen wir[1] die betreffende Vorstellung auf Gemeinbilder, die als Producte der Dichtkraft in uns vorhanden sind. Denn, indem wir ähnliche Vorstellungen im Verlaufe der Zeit wiederholt wahrnehmen, prägt sich das Gemeinsame in ihnen besonders stark aus, während das Verschiedenartige zurücktritt, und erhalten wir hierdurch allgemeine sinnliche Vorstellungen, denen in der That keine einzige Einzelvorstellung völlig entspricht, auf die wir aber die neuen Vorstellungen beziehen. Lässt sich nun auch die Action des Wahrnehmens erst beobachten,[2]

---

1) pag. 130.
2) pag. 304.

wenn schon viele Gemeinbilder in uns vorhanden sind, so
wäre doch der Schluss, dass ohne sie ein Wahrnehmen nicht
zu Stande kommen könne, ein übereilter. Denn es kann
auch das Gegeneinanderhalten von einfachen Empfindungsvorstellungen genügen. Indem wir nämlich von einer Vorstellung zur anderen übergehen, erhält die letztere Vorstellung durch diesen Übergang der vorstellenden Kraft selbst
die abgesonderte Stellung, sodass sie appercipiert werden und
ihre Besonderheit gedacht werden kann. Der Beziehungs-
gedanke, den in diesem Falle die Denkkraft sich zu eigen
macht, ist eben der, dass die neue Vorstellung in einem Gegensatz zu der vorhergehenden steht und ist dieser Gedanke
aus dem Vergleich dieser beiden Vorstellungen entstanden.

β. Bei Verhältnissen.

Kommen wir noch einmal, um nunmehr zur Wahrnehmung von Verhältnissen überzugehen, auf den oben angeführten Vergleich des Wahrnehmens mit dem Urteilen zurück, so könnten wir, wenn wir selbst diesen Vergleich näher
ausführen den Beziehungsgedanken, den die Denkkraft bei
der Wahrnehmung einfacher Empfindungsinhalte hinzufügt,
mit dem impersonellen Urteil vergleichen. Wie wir bei dem
Urteil „es blitzt" eine hervorstechende Wahrnehmung nach
Vergleichung mit unseren früheren Erfahrungen benennen,
das ist, ihr unser subjectives Urteil zuerteilen, so erkennen
wir auch bei der Wahrnehmung einzelner Vorstellungen zunächst diese Vorstellung als eine besondere an und vergleichen sie dann mit den anderen Vorstellungen. Auf der anderen Seite können wir die Relationsurteile mit der Wahrnehmung von Verhältnissen vergleichen. Wie in ihnen die
Denkkraft Ideen aufeinander bezieht und auf Grund dieser
Beziehung ein Urteil über das Verhältnis dieser Ideen fällt,
so liegt auch der Wahrnehmung von Verhältnissen als objectivisches Moment das Gefühl des Überganges von einer
Vorstellung zur anderen zu Grunde, und bildet die Denkkraft je nach der Art dieses Übergangs den entsprechenden

Beziehungs- oder Verhältnisgedanken. Doch, greifen wir, durch die Ausführung des Vergleiches veranlasst, dem ruhigen Gang der Untersuchung nicht vor!

Halten wir daran fest, dass jeder Wahrnehmung etwas Objectives zu Grunde liegt und dass dieses Objective oder Absolute Gegenstand des Gefühls ist, so erhebt sich die Frage, was denn den Verhältnisgedanken, die doch auch auf Wahrnehmungen beruhen, als Object zu Grunde liegt oder was bei der Wahrnehmung von Verhältnissen an Objectivem durch das Gefühl gegeben ist, und was die Denkkraft als subjectives Moment hinzufügt.

Bevor wir in die Untersuchung dieser Frage eintreten, müssen wir kurz hervorheben, dass Tetens in seinem zweiten Versuch[1] drei Hauptkategorien von Verhältnissen unterscheidet: 1. Verhältnisse, die sich auf Einerleiheit oder Verschiedenheit beziehen, 2. Verhältnisse, die sich auf räumliche oder zeitliche Ordnung beziehen, die sogenannten Mitwirklichkeitsverhältnisse, und 3. Verhältnisse, die sich auf Ursache und Wirkung beziehen. Von diesen drei Klassen von Verhältnissen untersucht Tetens nur bei den beiden ersten, was sich von Objectivem und Subjectivem in ihnen unterscheiden lasse, während er die Verhältnisse der Dependenz ununtersucht lässt. „Es lasse sich auch bei ihnen in analoger Weise diese Unterscheidung vollziehen, aber er wolle sie unberührt übergehen."

Gehen wir zunächst auf die Verhältnisse der Einerleiheit und Verschiedenheit ein, so bezeichnet Tetens als das ihnen zu Grunde liegende Absolute, an das der Verhältnisgedanken angeknüpft wird, das Gefühl des Überganges, das sich bei Analysierung des Verhältnisgedankens leicht von der Empfindung der beiden Objecte selbst trennen lasse. Dieses Gefühl des Überganges setzt sich aus zwei Momenten zusammen: aus dem Gefühl, das die Veränderung in der Richtung des Empfindungsvermögens und der Vor-

---

[1] pag. 194 sq.

stellungskraft hervorruft und aus dem Gefühl, das bei der Verdrängung der ersten Empfindungsvorstellung durch diejenige des zweiten Objectes entsteht. Beide Gefühle sind absolute Modificationen und sind darum wohl geeignet, Gegenstände des Empfindungsvermögens zu sein. Je nach der Beschaffenheit des Überganges und je nach der Ähnlichkeit oder Verschiedenheit der Objecte wird das Gefühl des Überganges ein individuelles Gepräge tragen und wird dementsprechend auch der daran sich knüpfende Verhältnisgedanke ein verschiedener sein. Dasselbe lässt sich beobachten, wenn wir in der Phantasie oder Einbildung reproducierte Vorstellungen vergleichen oder wenn wir eine Empfindungsvorstellung auf eine reproducierte Vorstellung beziehen. In allen diesen Fällen entsteht bei dem Übergang der vorstellenden Kraft von einer Vorstellung zur anderen eine positive und absolute Modification, die wir mit Tetens als Verhältnisgefühl bezeichnen können. Wie nun bei der Wahrnehmung einfacher Vorstellungen mit der Besonderung der Gedanke der Besondertheit unmittelbar verbunden ist, so reizt auch dieses Gefühl des Überganges die Denkkraft, den der Art des Gefühls entsprechende Verhältnisgedanken hervorzubringen. Liegt somit auch diesen Verhältnisgedanken in den Verhältnisgefühlen etwas positives zu Grunde, das uns hindert, sie als willkürliche Erfindungen der Denkkraft anzunehmen, so sind sie doch nur im Verstande enthalten. Alle diese Verhältnisse der Gleichheit, Ähnlichkeit und Verschiedenheit wären, da sich die Dinge nicht selbst auf einander beziehen, ausser dem Verstand nichts. Dieser vergleicht die Dinge in ihren uns gegenwärtigen Vorstellungen und drückt ihnen in dem Verhältnisgedanken, den Tetens deshalb als ein „ens rationis" bezeichnet das Siegel unserer vergleichenden Thätigkeit auf.

Ein von Tetens selbst angeführtes Beispiel mag das gesagte erläutern. Lösen wir den Verhältnisgedanken, in dem wir zwei Eier als ähnlich erkennen, in seine einzelnen Teile auf, so lassen sich folgende verschiedene Momente darin unterscheiden: Wir empfinden zeitlich nacheinander, zunächst die absoluten Beschaffenheiten jedes Eies, seine Grösse, Gestalt, Farbe u. s. w. und nehmen sie durch Vermittelung der Nachempfindung und Empfindungsvorstellung wahr. Indem nun die Vorstellungskraft von der Vorstellung des einen Eies zu der des anderen übergeht, entsteht ein Gefühl des Ueberganges von einer bestimmten Beschaffenheit. Dieses Gefühl reizt schliesslich die Denkkraft, die ihrerseits die Vorstellungen der beiden Eier gegeneinander hält, sie auf einander bezieht und sie für ähnlich ausgiebt.

Noch schwieriger als die bisherigen Ausführungen sind die Untersuchungen von der zweiten Klasse von Verhältnissen, den Verhältnissen der zeitlichen und örtlichen Lage, oder den Mitwirklichkeitsverhältnissen. Schwieriger, sage ich, aber auch interessanter, weil diese Frage, über die Subjectivität oder die Objectivität unserer Raum- und Zeitanschauungen, durch Kant grössere Bedeutung und allgemeineres Interesse erlangt hat. Unsere Untersuchung soll also, um das noch einmal kurz hervorzuheben, klarstellen, ob etwas und was etwa den Verhältnisgedanken, die sich auf die räumliche oder zeitliche Lage der Vorstellungen beziehen, im Gefühl entspricht, oder, um mich genauer auszudrücken, was in den Verhältnissen der räumlichen Lage und der zeitlichen Anordnung das Absolute bildet und worin des Relative besteht, was der Verstand hinzusetzt.

Unmittelbare Gegenstände des Gefühls sind diese Verhältnisse ebenso wenig, wie die Verhältnisse der Einerleiheit und Verschiedenheit. Aber während bei diesen den Verhältnissen etwas Objectivisches in den Dingen selbst zu Grunde liegt und das Gefühl des Ueberganges nur hinzutreten braucht, um den Verhältnisgedanken hervorzubringen, fällt dieses Absolute in den Dingen selbst bei den Verhältnissen der räumlichen Lage und der zeitlichen Ordnung weg. Dem Verhältnisgedanken, dass ein Ei dem anderen ähnlich sei, entspricht ausser dem Gefühl des Ueberganges oder dem Verhältnisgefühl die absoluten Beschaffenheiten des Eies, seine Grösse, Gestalt u. s. w., Beschaffenheiten, die der Vorstellung des Eies anhaften. Diese, den Objecten dieser Verhältnissgedanken anhaftenden absoluten Beschaffenheiten fallen bei den Mitwirklichkeitsverhältnissen weg. Denn jedes Ding und die Vorstellung jedes Dinges bleibt in ihren ababsoluten Beschaffenheiten völlig unverändert, wenn auch der Ort verändert wird, ebenso wie der Ort unverändert bleibt, wenn an dieselbe Stelle Dinge von völlig verschiedenen absoluten Beschaffenheiten treten. Da nun ferner die Ideen von den absoluten Beschaffenheiten weder durch Erhöhung noch durch Verfeinerung in Verhältnissbegriffe übergehen können, sondern völlig heterogener Natur sind, so folgt notwendig, dass in den Dingen selbst oder in ihren Ideen nichts enthalten ist, was den Verhältnisgedanken der Mitwirklichkeit entspräche.

Sind aber darum die Verhältnisgedanken der Mitwirklichkeit reine Erzeugnisse der Denkkraft, oder entspricht auch ihnen etwas Objectivisches im Gefühl? Tetens entscheidet sich seiner ganzen Erkenntnistheorie gemäss für die zweite Annahme und teilt auch diesen Verhältnisgedanken als Correlat von absoluter Beschaffenheit das Gefühl des Ueberganges zu. Indem die Vorstellungskraft von einer Vorstellung zur anderen übergeht, entsteht eine positive Modification, die als Verhältnisgefühl die Denkkraft reizt, die Verhältnisgedanken der räumlichen oder zeitlichen Lage der Vorstellungen, im Anschluss an das Gefühl des Ueberganges, hervorzubringen. So legt denn in den Gedanken von den Mitwirklichkeitsverhältnissen die Denkkraft den Dingen relative Prädicate bei, die ihnen an und für sich nicht zukommen, ja denen nicht einmal etwas Absolutes in den Dingen selbst entspricht.

Im Anschluss an diese letzten Ausführungen sei es mir gestattet, einige Bemerkungen zu machen, die zwar streng genommen nicht hierhergehören, die aber von allgemeinerem

Interesse sein dürften. Im vierten Versuch[1]) ventiliert nämlich Tetens die Frage wie wohl die **Entstehung der Raum- und Zeitanschauung im Allgemeinen** psychologisch zu erklären sei und bezieht sich hier direct auf die schon oben angeführte Inauguraldissertation Kant's. Kant habe, so führt Tetens aus, seiner Ansicht nach zuerst die Behauptung aufgestellt, **dass der Raum eine gewisse instinctartige Weise sei, die koexistirenden Dinge zu ordnen.** In dieser Behauptung giebt ihm Tetens wenigstens in gewisser Weise Recht. Da die Vorstellung des Raumes aus den einzelnen Empfindungen der Objecte nicht abstrahiert sein könne, so sei sie eine Wirkung der beziehenden Kraft der Seele, d. h. der Denkkraft, die alle zugleich vorhandenen dunkelen Gefühle zu einem Ganzen der Raumanschauung vereinigt. Aber auch hier so meint Tetens, müsse dem Act, wodurch die einzelnen Empfindungen von der Denkkraft zu einem Ganzen der Raumanschauung verarbeitet werden, etwas Materielles zu Grunde liegen, das die Raumanschauung selbst nicht sein könne, da sie die Wirkung und nicht die Ursache dieses zusammenfassenden Actes sei. Das Materielle dieser Idee vom Raume ist vielmehr das Ganze der einzelnen ununterschiedenen Gefühle, das zu einer einzigen Empfindung werde. So ist auch nach Tetens die Raumanschauung zwar ein Product der Denkkraft, aber es liegt ihr als Absolutes das Gefühl von der Gesammtheit der zugleich bestehenden Empfindungen zu Grunde. In analoger Weise verarbeitet die Denkkraft, wenn die Gesammtheit der einzelnen, zeitlich aufeinander folgenden inneren und äusseren Modificationen zu einer einheitlichen Empfindung zusammengefasst ist, diese Empfindung zur Idee von der Zeit.

IV. Ist das Wahrnehmen etwas passives?

Doch kehren wir nach dieser Abschweifung zu unserer Hauptaufgabe zurück, so hatte sich uns, wenn wir die letzten Ausführungen zusammenfassen, als Resultat ergeben, dass

---

[1]) pag 359.

die Wahrnehmungskraft einerseits der Vorstellung die letzten Grade der Klarheit verleiht und dass sie andrerseits zu dem von der Empfindung gegebenen positiven Inhalt den Verhältnisgedanken hinzufügt. Es bleibt uns nach der oben angegebenen Disposition noch übrig, in einem dritten Abschnitt die Erwägung anzustellen, ob das Wahrnehmen etwas passives in der Seele sei. Ich habe diese Untersuchung so weit hinausgeschoben, einmal weil vorher ein geeigneter Anknüpfungspunct fehlte, sodann auch, weil sie in ihrem vollen Umfange erst angestellt werden kann, wenn der Begriff der Wahrnehmung nach allen Seiten hin, klargestellt ist. Im Grunde kann uns das Resultat dieser Untersuchung nicht mehr zweifelhaft erscheinen, wir müssten denn die Einteilung der Seelenkräfte, wie sie Search aufstellte, billigen. Derselbe schreibt nämlich alles das, was wir beim Erkenntnisprocess als Äusserungen der Selbstthätigkeit bezeichnen müssen, wie die gegenwärtige Darstellung der Ideen, ihre Gegeneinanderstellung, das Vergleichen, Verbinden und Absondern dem Willen zu, als dem Vermögen, sich selbstthätig zur Wirksamkeit zu bestimmen. Bei dieser Einteilung bleibt dann allerdings für das Wahrnehmungsvermögen nichts anders übrig, als die passive Thätigkeit, Veränderungen in sich aufzunehmen. Dieses Einteilungsprincip verwirft aber Tetens, als ein willkürlich aufgestelltes, da es in den einheitlichen Functionen der Seele zwei ganz verschiedene Kräfte annehme und will selbst so unterscheiden, dass man in der Selbstthätigkeit zwei Richtungen annehme, von denen die eine nach aussen auf das Handeln gehe und in den Willensachen sich äussere, die andere dagegen auf Vorstellungen und Gedanken gerichtet sei und der Denkkraft zukomme. In den weiteren Ausführungen seiner eigenen Ansicht macht dann Tetens auf den Unterschied aufmerksam, den die deutsche Sprache nicht ohne Grund zwischen „wahrnehmen" und „gewahrwerden" mache, indem sie durch die verschiedene Ausdrucksweise zwei Fälle der Wahrnehmung unterscheide. Als „wahrnehmen" bezeichnen wir den Act der Wahrnehmung dann, wenn die eigene Thätigkeit besonders stark hervortritt, d. h. wenn die Wahrnehmung das Resultat einer angestellten Untersuchung und genauen Vergleichung ist. Da hierzu eine Anstrengung und Anspannung der Seelenkräfte notwendig ist, so leuchtet leicht ein, dass in diesem Falle eine Selbstthätigkeit anzunehmen ist, und die Wahrnehmung eine active Äusserung der Seele ist. Aber auch in dem andern Fall, den die Sprache als „gewahrwerden" bezeichnet, wo wir auf Gegenstände stossen, die schon durch ihre besondere Lage, und durch die Stärke des auf das Empfindungsvermögen erzeugten Eindruckes wahrgenommen werden müssen, ist eine gewisse Selbstthätigkeit in dem Act des Wahrnehmens nicht zu leugnen. Allerdings müssen wir wahrnehmen, sobald unsere Sinnenglieder den nötigen Eindruck erhalten haben, aber hieraus folgt nur, dass das Wahrnehmen nicht in unserer Willkühr liegt, folgt aber nicht, dass das Wahrnehmen etwas passives ist. Denn das Unwillkürliche in einer Handlung hebt die Handlung als solche nicht auf. Wie die Feder, welche von einer Kugel getroffen wird, von dieser zwar zunächst zusammengepresst wird, so wird auch das Erkenntnisvermögen zunächst von jedem Eindruck, der die nötige Stärke besitzt, passiv modificiert. Wie dann aber die Feder vermöge der ihr innewohnenden Kraft die Kugel von sich stösst und ihr eine neue Bewegung giebt, und dieser Bewegung einen eigenen Charakter aufprägt, so verwendet sich auch die selbstthätige Kraft der Seele in der Wahrnehmung auf die Empfindung resp. die Empfindungsvorstellung, erhebt sie zur ideellen Klarheit und fügt zu ihrem absoluten Inhalt den Verhältnisgedanken. Mit diesem, ihr aufgeprägten Charakter wird sie dann als ein subjectives Bild eines äusseren Dinges oder einer inneren Modification dem Gedächtnis anvertraut und erscheint auch in der Wiedervorstellung mit diesem ihr aufgeprägten Character.

V. Zusammenfassung und Untersuchung über das Grundprincip des Erkenntnisvermögens.

Fassen wir nunmehr die Resultate dieser Untersuchungen

über den Begriff der Wahrnehmung zusammen, so hat sich uns als die Ansicht Tetens ergeben, dass wir in der Wahrnehmung ein zweifaches erkennen können: die vorbereitenden Thätigkeiten des Gefühls und der Vorstellungskraft und die Äusserungen der Denkkraft. Gefühl und Vorstellung werden, wie wir sahen, auf die beachtete Vorstellung zurückgebogen und setzen ihre Äusserungen in der Beschauung und Beachtung fort. Erst wenn durch diese Thätigkeiten die Vorstellung bearbeitet und aus der Menge der unwahrgenommenen Vorstellungen herausgehoben ist, wendet sich ihr die Denkkraft zu und appercipiert sie in der Wahrnehmung, indem sie einerseits der Vorstellung die letzten Grade der Klarheit hinzufügt und andrerseits die wahrgenommene Vorstellung auf andere bezieht und ihr den Verhältnisgedanken aufprägt. Diese beiden letzten Äusserungen erschienen durchaus als Äusserungen einer thätigen Kraft, sodass wir in jeder Wahrnehmung einen Act der Selbstthätigkeit erkennen.

Suchen wir von hier aus einen kurzen Überblick über die ganze Erkenntnistheorie Tetens zu gewinnen, so unterscheidet er in der Seele, soweit sie erkennt, ein dreifaches Vermögen: sie fühlt, sie hat Vorstellungen und sie denkt. Auf diese drei Vermögen lassen sich alle Äusserungen der Erkenntniskraft zurückführen, von den ersten sinnlichen Äusserungen an bis zu den feinsten und höchsten Speculationen. „Alle drei Vermögen sind schon wirksam in der einfachsten Wahrnehmung, aber es sind auch keine anderen, als eben diese, welche man in den höchsten Wirkungen der aufgeklärten Vernunft findet". Tetens nennt selbst diese drei verschiedenen Äusserungen der Erkenntniskraft drei unterschiedene Vermögen; er könnte sie mit gleichem Recht als die drei Hauptrichtungen desselben Vermögens bezeichnen. Denn in seinem neunten Versuche erörtert Tetens die Frage ob die drei Vermögen des Empfindens, Vorstellens und Denkens auch drei unterschiedene und unvereinbare Grundprincipien in der Seele voraussetzen, oder ob die vielleicht auf ein gemeinsames Grundprincip zurückzuführen seien und nur als Erhöhungen desselben nach verschiedenen Seiten hin anzusehen seien. Es würde zu weit führen und zusehr aus dem Rahmen unserer Aufgabe heraustreten, wenn wir Tetens in die Einzelheiten dieser zum Teil sehr verwickelten Untersuchungen folgen wollten und begnügen wir uns lieber damit, das Resultat aus den einzelnen Ausführungen zu ziehen. Dieses Resultat lautet dahin[1], dass „fühlen, Vorstellungen haben und Denken Äusserungen eines und desselben Grundvermögens sind und nur darin von einander unterschieden sind, dass das nämliche Princip in verschiedenen Richtungen auf verschiedene Gegenstände und mit grösserer oder geringerer Selbstthätigkeit wirkt, wenn es bald wie ein fühlendes, bald wie ein vorstellendes und bald wie ein denkendes Wesen sich offenbart". Was dieses Grundprincip sei, lässt sich nicht genauer bestimmen, jedenfalls ist das Empfindungsvermögen die erste und einfachste Äusserung dieses gemeinsamen Grundprinzipes, da sich aus ihm alle übrigen Äusserungen der Erkenntniskraft ableiten lassen. Nimmt die Seele mittelst des Gefühles Modificationen in sich auf, so nimmt sie dieselben doch fühlend auf, sodass es das nämliche Princip ist, welches sich modificieren lässt und zugleich diese Modificationen empfindet. Dasselbe Princip nimmt, wenn es mit der Selbstthätigkeit ausgestattet ist, wie wir sie der Vorstellungskraft zuschreiben, nicht nur Modificationen leidentlich auf, sondern ergreift sie gleichsam, indem es die von den Modificationen hervorgerufenen Eindrücke eine Weile in sich erhält und ihre Spuren aufbewahrt. Einen noch höheren Grad der Selbstthätigkeit treffen wir in der Phantasie und der Dichtkraft an, da in ihnen die Seele Vorstellungen auf Grund der hinterlassenen Spuren wieder erweckt, sie durch Trennen und Verbinden stärker und völliger ausbildet und sogar einzelne Teile von verschiedenen Vorstellungen zu so eng verbundenen Vorstellungscomplexen vereinigt, dass sie auf uns

---

1) pag. 615.

den Eindruck von neuen und einfachen Vorstellungen machen. Das Gefühl des Überganges schliesslich und die übrigen Verhältnisgefühle reizen die Denkkraft zu einer selbstthätigen Reaction gegen die Vorstellung selbst und besteht das Resultat dieser Reizung in der Wahrnehmung einerseits und den anderen Verhältnisgedanken andrerseits. Somit kann aus dem fühlenden Princip durch Erhöhung der Selbstthätigkeit die Vorstellungskraft sowohl als das Denkvermögen abgeleitet werden. Diese Möglichkeit darf uns aber die grundsätzlichen Unterschiede zwischen ihnen, die wir oben charakterisiert haben nicht verwischen und scheint mir ohnedies mit dem Nachweis dieser Möglichkeit nicht viel gewonnen zu sein, zumal sie nicht ohne Willkürlichkeit zu Stande kommt.

Doch sehen wir hiervon ab und beschränken uns auf das Wesentliche, so erhalten wir einen vollständigen dreifachen Parallelismus von Seelenäusserungen. Die Eindrücke, welche mit dem Empfindungsvermögen aufgenommen werden, werden in der Vorstellung angeeignet und von der Denkkraft erkannt und zu Ideen verarbeitet. Keine der beiden letzten Kräfte kann in Wirksamkeit treten, ohne dass das Empfindungsvermögen sich schon thätig erwiesen hat und andrerseits wird keine Erkenntnis vollständig, ohne dass alle drei Vermögen in Thätigkeit getreten sind. Wie wir es von dem Verhältnisgedanken nachgewiesen haben, lassen sich alle Acte des Denkvermögens auf vorhergehende Empfindungen und Vorstellungen zurückführen, wenn auch im Einzelnen diese Ableitung aus Empfindungen nicht immer leicht ist. Hält man jedoch fest, dass auch die Ideen nach ihren verschiedenen Beziehungen neue und positive Modificationen hervorrufen, die ihrerseits wieder Objecte der Vorstellungskraft und des Denkvermögens werden, so erhalten wir einen Einblick in den complicierten Apparat unseres Erkenntnisvermögens einerseits, erkennen aber auch andrerseits die Gesetzmässigkeit, in der die drei von Tetens unterschiedenen Seelenvermögen functioniren.

B. Zweiter Hauptteil.
Die Lehre von dem Ursprung unserer Erkenntnis von der objectivischen Existenz der Dinge.

1. Specielle Einleitung.

Haben wir somit in unserem ersten Hauptteil an der Hand von Tetens untersucht, mit welchen Erkenntnismitteln der Mensch ausgestattet ist und wie die einzelnen Vermögen der Erkenntniskraft aufeinander und miteinander wirken, so waren die Voraussetzungen, dass es eine Aussenwelt gebe, die auf das Empfindungsvermögen wirkt und dass es eine einheitliche Seele gebe, stillschweigend als zurechtbestehend angenommen. Diesen Voraussetzungen wollen wir jetzt im zweiten Hauptteil im Anschluss an Tetens fünften Versuch näher treten und zwar in der Weise, dass wir nicht ihre metaphysichen Grundlage prüfen, sondern untersuchen, wie wir diese Erkenntnisse und Begriffe aus der Erfahrung schöpfen und wie uns die Empfindungen Anlass sein können und sein müssen, vermittelst der Denkkraft die Ideen von unserer Seele, von unserem Körper und von den Aussendingen zu bilden.

Haben wir es schon in der Einleitung zum vorhergehenden Abschnitt als eine besondere Schwierigkeit bezeichnet, die Gedanken Tetens' zu ordnen und in einen festen Zusammenhang zu bringen, so kann ich an dieser Stelle diese Bemerkung auch in Bezug auf die Ausführungen des fünften Versuches wiederholen. Wie wenig Tetens sich bestrebt seine Gedanken nach einer festen Disposition zu ordnen, mag ein Beispiel beweisen. Nach den beiden ersten, gleichsam einleitenden Nummern unseres Versuches stellt Tetens am Schluss der dritten Nummer vier Cardinalfragen auf, die zunächst zu beantworten seien. Die beiden ersten von diesen Fragen behandelt er dann auch in den drei folgenden Nummern (4, 5 und 6), kommt aber erst in der neunten und zehnten Nummer auf Untersuchungen, die man als Beantwortung der dritten und vierten Frage ansehen kann, ohne sie jedoch eigens als solche zu bezeichnen. Angesichts dieser und ähnlicher Ungenauigkeiten in der Anordnung muss man Kant wohl Recht geben, wenn er in einem Briefe an Herz[1]) klagt: Tetens in einem Werke über die menschliche Natur hat viel Scharfsinniges gesagt; aber hat ohne Zweifel, sowie er schrieb, es auch drucken lassen, zum wenigsten stehen lassen. Zwar muss ich Erdmann Recht geben, wenn er Tetens gegen den von Jürgen Bona Meyer erhobenen Vorwurf des Mangels einer durchgreifenden psychologischen Grundanschauung verteidigt und als die Absicht Tetens aufstellt, er wolle dem Leser gar nicht fertige Resultate vorlegen, sondern ihn bewegen, mit ihm in die einzelnen Meditationen einzugehen: aber selbst bei dieser Absicht wäre wohl eine genauere Disposition innerhalb der einzelnen Abschnitte möglich gewesen. Doch versuchen wir, statt länger zu klagen, einen leitenden Gesichtspunkt für die Darlegung von Tetens Ansicht über den Ursprung unserer Kenntnis von der objectivischen Existenz der Dinge zu gewinnen, so scheint mir die folgende Disposition die geeigneteste, zumal sie sich an den Gang der Tetens'schen Untersuchung so eng anschliesst, wie es möglich ist. Ausgehend von der Erfahrung, dass wir aus den drei verschiedenen Empfindungsgruppen der inneren, der körperlichen und der äusseren Empfindungen auf drei verschiedene, ihnen zu Grunde liegende Substanzen schliessen, bezeichnet es Tetens als seine Aufgabe, zu untersuchen ob sich die Ideen von diesen drei verschiedenen Substanzen aus ursprünglichen Empfindungsmerkmalen und mit Zuhilfenahme allgemeiner Denkgesetze ableiten lassen. Demgemäss prüfen wir im ersten Teil zunächst die Empfindungen und unter-

---

1) Jürgen Bona Meyer a. a. O. pag. 291.

suchen sodann, welche allgemeinen Verstandesbegriffe zur Bildung der Ideen von diesen drei Substanzen die Voraussetzung bilden. Im zweiten Teil handeln wir dann speciell von der Entstehung der Annahme von der Existenz ausser uns bestehender Dinge, und geben schliesslich in einem dritten Teil das Grundgesetz an, nach dem wir unsere Empfindungsurteile über die subjectivische und objectivische Existenz der Empfindungsobjecte fällen. Anhangsweise fügen wir die Ansicht Tetens über die Untersuchung von primären und secundären Empfindungen an.

2. *Darstellung dieser Lehre.*

I. Praecisirung der Hauptfrage.

Tetens geht von der Erfahrungsthatsache aus, dass wir die Empfindungen nicht nur als Modificationen unserer selbst ansehen, sondern dass wir uns auf Grund der verschiedenen Empfindungen drei grosse Gruppen von Empfindungen, Vorstellungen und Ideen gebildet haben.[1]) „Einige Ideen stellen uns selbst und unsere Veränderungen vor; andere sind Vorstellungen von unserem Körper und dessen Veränderungen; andere zeigen uns Objecte ausser uns und Beschaffenheiten von ihnen." Wir sehen also in diesen beiden letzten Fällen die Empfindungen nicht nur als Veränderungen unserer Seele an, sondern wir schliessen aus ihnen auf unseren eigenen Körper resp. auf Dinge, die ausser uns sind. Ist diese verschiedene Beziehung der Empfindungen in der Erfahrung gegeben, so fragt es sich, auf welche Art, durch welche Ursachen veranlasst und nach welchen Gesetzen der Verstand von den Empfindungen und Vorstellungen, die doch nur innere Modificationen sind, auf Gegenstände, die ausser der Seele liegen, wie er von den Ideen in ihm auf ihnen zu Grunde liegende äussere Objecte schliesst. Diese Frage bedarf, da

---

1) pag. 373.

sie eine der dunkelsten in der ganzen Erkenntnislehre ist, einer eingehenden Untersuchung und kann nicht kurzer Hand entschieden werden.

Demgemäss weist Tetens eine Lösung dieser Frage, die man vielleicht im Anschluss an ein eben entwickeltes Gesetz des Erkenntnisvermögens aufstellen konnte, als unzureichend zurück. Wir bemerkten oben, dass sich bei jeder reproducierten Vorstellung, wenn sie von äusseren Empfindungsvorstellungen herrührt, die Tendenz findet, über die ursprüngliche Vorstellung hinaus auf das Object der Empfindung hinzuweisen. Auf Grund dieser Beobachtung könnte man folgenden Schluss ziehen: da die reproducierte Vorstellung sich auf eine Empfindungsvorstellung bezieht, diese Empfindungsvorstellung aber von einem äusseren Object veranlasst ist, so können wir reproducierte Vorstellungen nicht wahrnehmen, ohne zugleich die Beziehung auf die erste Empfindungsvorstellung und auf die ihr zu Grunde liegende äussere Ursache mitzuempfinden, durch die Wahrnehmung dieser Beziehung kommen wir dann zur Annahme äusserer Objecte. Aber dieser Schluss wäre, wie Tetens mit Recht bemerkt, ein übereilter. Denn consequenter Weise führt die oben berührte Tendenz der reproducierten Vorstellungen nur zu dem Schluss, dass unser ganzes Geistesleben auf Empfindungen und Empfindungsvorstellungen beruht; wie aber die ursprünglichen Empfindungen zu den Vorstellungen von äusseren Objecten führen und wie wir aus unseren Empfindungen auf den Unterschied von unserem Ich und äusseren Objecten gelangen, ist damit durchaus nicht erklärt.

Andrerseits ist auch damit nichts gewonnen, wenn man mit Reid und Beattie die Idee von der objectivischen Existenz der Aussendinge für eine unmittelbare Wirkung des Instincts ausgiebt. Zwar ist mit unseren Empfindungen der Gedanke, dass sie von äussern Objecten verursacht sind, so unmittelbar verbunden und in ihren Ideen so eng eingewebt, dass wir uns eines vorhergehenden Actes der Reflexion in der Regel gar nicht bewusst werden, und daher die Annahme dass das Urteil von der objectivischen Existenz äusserer Dinge auf einer Anlage beruhe, sehr naheliegend. Aber mit dieser Zurückführung auf den Instinct (common sense) ist die Frage mehr abgebrochen als gelöst. Ebensowenig wie sich der Naturforscher damit begnügen kann, wenn man ihm den Magnetismus als einen Instinct oder als ein Vermögen, Eisen anzuziehen, erklärt, ebensowenig können wir uns damit begnügen, wenn man unsere Annahme von der objectivischen Existenz der Dinge für einen Ausfluss des Instincts ausgiebt. Es giebt zwar notwendige Gesetze der Denkkraft, wie das Gesetz, nach dem wir gleiche Vorstellungen für gleich, verschiedene für verschieden ausgeben müssen, die wir nicht weiter auf einfachere Principien zurückführen können, aber es ist doch noch nicht ausgemacht, ob das Gesetz, nach dem wir über die innere oder äussere Wirklichkeit der vorgestellten Gegenstände urteilen. Zu solchen allgemeinen, instinctartigen Urteilsgesetzen gehört, bei denen eine Zurückführung auf andere Gesetze der Denkkraft unmöglich ist. Denn daran müssen wir durchaus festhalten, dass die Annahme von ausser uns liegenden Dingen ein Product der Denkkraft ist. Urteilen wir auch jetzt, wo wir die Vorstellung von äusseren Objecten schon gebildet haben, über die einzelne Empfindung so unmittelbar, dass wir uns gar nicht der Anwendung der Denkkraft bewusst werden, so ist doch das Urteil über die einzelne Empfindung als einer Wirkung von einem Aussendinge eine Äusserung der Denkkraft, die erst dann zu Stande kommen kann, wenn die Empfindung des Objectes in eine Vorstellung übergegangen und diese Vorstellung mittelst der Wahrnehmung in's Bewusstsein gehoben ist. Erst auf die appercipierte Vorstellung kann sich sodann die Denkkraft verwenden und über sie das Urteil, dass sie von einem äusseren Dinge herrühre oder nicht, fällen.

Unsere Aufgabe ist demgemäss die, zu untersuchen, ob sich unsere Kenntnis von der objectivischen Existenz der Dinge und ob sich die vorhergehende Unterscheidung unseres Ich von den äusseren Dingen aus den Empfindungen und aus den allgemeinen Gesetzen der Denkkraft ableiten lasse und ob die Äusserung unseres Erkenntnisvermögens, wie sie in den Urteilen über den subjectivischen oder objectivischen Ursprung unserer Empfindungen vorliegt auf einfachere und allgemeinere Wirkungsarten der Denkkraft zurückgebracht und aus ihnen erklärt werden könne.

II. Vorbedingungen.

a. Die Einteilung der Empfindungen in 3 Hauptklassen.

Prüfen wir demgemäss zunächst unsere Empfindungen und untersuchen, indem wir soweit als es möglich ist auf den Ursprung unseres Geistesleben zurückgehen, ob sich in unseren Empfindungen und Empfindungsvorstellungen etwas finden lasse, was den Anlass zur Unterscheidung von einer subjectivischen und objectivischen Existenz und zur Annahme von ausser uns befindlichen Dingen gegeben haben könne. Zuerst mag der ganze Inbegriff von Empfindungen, äusserer sowohl wie innerer unabgesondert und unauseinandergesetzt, zu einer einzigen Empfindung zusammengesetzt gewesen sein. Was dieser einheitlichen Empfindung in der Denkkraft entspricht, ist nicht auszumachen, ist auch für unsere Untersuchung irrelevant. Viel wichtiger ist, dass der Verstand, wenn er in diesem Ganzen von ungesonderten Empfindungen eine einzelne Empfindung besonders bemerkte, nicht sofort ein Urteil über dieselbe fällen konnte, sondern dass er zuvor in den einzelnen Empfindungen grundsätzliche Verschiedenheiten fand und dass gerade dieser Unterschied ihn aufforderte, die Empfindungen je nach ihrer grösseren Aehnlichkeit oder Verschiedenheit zusammenzustellen und in verschiedene Gruppen zu sondern. Unsere erste Aufgabe ist also die, den Gesetzen nachzuspüren, nach welchen der Verstand bei dieser Sonderung der Empfindungen verfuhr, und die Merkmale in den Empfindungen aufzusuchen, die ihn bei dieser Thätigkeit unterstützten und leiteten.

Zunächst liess sich nun, wie Tetens meint, ohne grosse

Mühe der grösste Teil der Empfindungsmassen in zwei verschiedene Haufen, in die äusseren und die inneren Empfindungen teilen, da dem Verstande unwillkürlich der grosse zwischen ihnen bestehende Unterschied auffallen musste. Die durch die Sinnenglieder des Auges und des Ohres vermittelten Empfindungen entstanden ohne alle innere Vorbereitung und vergingen leicht, ohne irgend eine bleibende, bemerkbare Folge zu hinterlassen. Man braucht nur die Augen aufzuschlagen und das Auge vermittelt uns sofort den ganzen Complex der Gesichtsempfindungen, der sofort wieder verschwindet, sowie man das Auge schliesst und der sich in einen anderen Complex von Gesichtsempfindungen ändert, wenn man sich nach einer anderen Seite wendet. In ähnlicher Weise ruft der Schall in uns ohne alle innere Vorbereitung Gehörempfindungen hervor, und verschwindet ohne bemerkbare Folgen zu hinterlassen. Andere Empfindungen dagegen, wie der körperliche Schmerz oder die seelischen Affectionen der Trauer und Freude, beschäftigen uns viel intensiver; ihrer können wir uns nicht kurzer Hand entledigen; unwillkürlich empfinden wir, dass diese Empfindungen viel enger mit unserem Ich verknüpft sind und dass unsere Seele durch sie viel stärker in Anspruch genommen ist. Waren so die beiden grossen Klassen der inneren und äusseren Empfindungen gesondert, so führten weitere Erfahrungen die Seele dazu, innerhalb der inneren Empfindungen zwei verschiedene Klassen, die Empfindungen des Körpers und die eigentlich inneren Empfindungen von einander zu trennen. Sie fühlte, dass ein Teil der inneren Empfindungen, wenn sie auch nicht so lose mit ihr zusammenhingen wie die der Aussendinge, doch nicht ihr eigenstes Selbst betrafen, sondern in dem mit ihr verbundenen Körper localisiert waren; sie empfand den Unterschied zwischen der Empfindungskraft als einem Teil ihrer selbst und dem Object, dem Körperteil, bei dem diese thätig war. Andere Empfindungen dagegen erschienen so eng mit dem Empfindungsvermögen verbunden und vermischt, dass die Seele sie gar nicht einmal wahrnehmen konnte, wenn sie durch sie affaciert war, sondern sie erst aus den hinterlassenen Spuren erkennen konnte; diese empfand die Seele unmittelbar als Modificationen ihrer selbst. Unterstützt wurde die Seele bei dieser Unterscheidung durch zwei Umstände. Einmal erschienen die einzelnen Empfindungen selten allein, sondern sie waren in der Regel mit anderen Empfindungen derselben Klasse so eng verbunden, dass sie durch diese enge Verbindung den Verstand gleichsam aufforderten, sie zu einer Gruppe zusammenzufassen und von anderen Empfindungscomplexen zu trennen. Die Gesichtsempfindungen z. B. verschwanden zugleich, sowie die Augen geschlossen wurden und erschienen von Neuem zugleich, sowie die Augen geöffnet wurden. In ähnlicher Weise stehen die Empfindungen des Körpers und der Seele in besonders enger Beziehung und konnte so eine Sonderung und Zusammenfassung der Empfindungen in die drei Klassen erfolgen, noch bevor die Empfindungen zu Ideen verarbeitet und in der Reflexion miteinander verglichen waren.

Auf der anderen Seite musste auch die Verschiedenheit mit der die Seele auf die Eindrücke reagierte auffallen und die Einteilung der Empfindungen in die drei Gruppen befördern. Die Seele fühlte, dass Richtung und Wirkung des Empfindungsvermögens bei den äusseren und inneren Eindrücken verschieden sei, und empfand den Übergang, wenn sie von den Empfindungen der einen Klasse zu denen einer anderen Klasse überging. Ein äusseres Zeichen dieser inneren Verschiedenheit in der Wirkungsart prägt sich auch auf dem Gesicht, dem Spiegel der Seele aus. So sind Gesichtsmuskeln und Blicke eines nachdenkenden und mit den Empfindungen seines Inneren beschäftigten Menschen völlig verschieden von dem Gesichtsausdruck dessen, der sich mit Empfindungen äusserer Objecte, etwa mit Gesichtsempfindungen beschäftigt. Ist dieser Unterschied demnach so gross, dass wir aus der Beobachtung des Gesichtes auf die Richtung der Seelenthätigkeit schliessen können, so musste auch die Seele ihre Thätigkeit als eine verschiedene empfinden, jenachdem sie sich mit Modificationen ihres eigenen Ich oder mit Empfindungen ihres Körpers, oder mit denen von äusseren Objecten beschäftigte, und musste sie diese Empfindung auf die Unterschiedenheit der Empfindungen selbst führen. So haben sich denn, wie wir gesehen haben, in den Empfindungen selbst hinreichende Merkmale gefunden, die zu einer Unterscheidung führen mussten. Auch haben wir für den Verstand, wenn er dieser Aufforderung nachkam und drei grosse Gruppen unterschiedener Empfindungen bildete, keine anderen Kräfte in Anspruch genommen, als das Empfindungsvermögen, die erste und einfachste Äusserung der Erkenntniskraft, und das Unterscheidungsvermögen, ein Vermögen, in dem die Seele nach den Urteilsgesetzen der Identität und Diversität verfährt, Gesetzen die sich, wie wir oben erwähnt haben, auf einfachere Gesetze nicht zurückführen lassen.

b. Die notwendigen allgemeinen Verstandesbegriffe.

Durch diese Gruppirung der Empfindungen in drei grosse Gruppen ist die Unterscheidung von einer subjectiven und objectiven Veranlassung der Empfindungen und die Annahme von Dingen ausser uns zwar vorbereitet, aber doch noch keineswegs allseitig begründet. Denn war diese Gruppirung ein Erzeugniss des Gefühls, so kann die grundsätzliche Unterscheidung der einzelnen Empfindungen und das daraus sich ergebende Urteil über den subjectiven oder objectiven Ursprung derselben nur ein Act der Denkkraft sein und fragt es sich, ob die Denkkraft ohne alle Vorbereitungen diese Urteile fällen kann, oder ob sie vorher allgemeine Begriffe gebildet haben muss, ohne die ein solches Urteil nicht zu Stande kommen kann. Nehmen wir ein möglichst einfaches Urteil dieser Art, z. B.: „der Gegenstand den ich da sehe und befühle, ist ein Object ausser mir," so dürfte auf den ersten Blick die zweite Annahme als die richtige erscheinen. Unsere nächste Aufgabe muss demgemäss sein, die allgemeinen Begriffe, durch welche die Seele in den Stand gesetzt wird, derartige Urteile zu fällen, **aufzusuchen**, ihre Entstehung aus den Empfindungen abzuleiten, und festzustellen, welche Thätigkeiten des Denkvermögens zur Bildung dieser allgemeinen Begriffe anzunehmen sind.

Einer der ersten und einfachsten dieser Verstandesbegriffe ist die Idee von einem Ding, da sie aus jeder einheitlichen Empfindung abgeleitet werden kann. Mag man auch einwenden, dass es keine absolut einfachen und einheitlichen Empfindungen gebe, sondern dass jede Empfindung aus einer Menge einzelner Empfindungen zusammengesetzt sei, so lässt sich doch nicht leugnen, dass es für unser Gefühl Empfindungen gebe, die auf uns einen einfachen und einheitlichen Eindruck machen und die darum auch als einfache Vorstellungen appercipiert werden. Während der Aufnahme dieser einfachen Eindrücke bemerken wir in ihnen keine Mannigfaltigkeit, keine Folge und keine Teile, und knüpft darum die Denkkraft an sie die Idee von einheitlichen Ganzen, oder in jedem einzelnen Fall die Idee von einem Dinge.

In solchen einfachen Empfindungen können aber auch einzelne, hervorstechende Züge besonders empfunden und wahrgenommen werden, sie erscheinen als Teile, zwar nicht als Teile, in welche die ganze Empfindung zerlegt werden könnte, sondern als Teile innerhalb der einheitlichen Vorstellung, als Züge, die sich durch besondere Apperciptibilität auszeichnen. Wird nun diese einheitliche Empfindungsvorstellung, zugleich mit dem hervorstechenden Zug in ihr, in das Bewusstsein erhoben, so wird sie von der Denkkraft zu der Idee von einem Dinge mit seinen Beschaffenheiten verarbeitet. Denn die enge Verbindung in der die Vorstellung des hervorstechenden Zuges mit der Vorstellung von dem Ganzen steht, erzeugt den Verhältnisgedanken, dass der hervortretende Teil in dem Ganzen enthalten sei, dass er eine Eigenschaft, ein Prädicat des Ganzen, des Subjectes sei. Jedes einzelne Prädicat kann nun hinterher vermöge der Vorstellungskraft, die ja die einzelnen Vorstellungen sondert und von Neuem verbindet, als Subject genommen werden und ihm wiederum ein einzelner, durch besondere Apperceptibilität sich auszeichnender Zug als Prädicat zugewiesen werden. Andrerseits kann auch das Subject hinterher zum Prädicat werden, wenn eine grössere umfassendere Vorstellung hervortritt, in der das betreffende Subject nur einen Teil, in dem oben angedeuteten Sinne bildet. Erscheint somit zwar bei jedem Dinge die Beziehung, in der es als Subject oder Prädicat aufgefasst wird, variabel, so bleibt doch das Gesetz, dass aus jeder Empfindung, in der ein einzelner Zug hervorragt, der Verhältnisgedanke eines Subjects mit einem Prädicat gebildet werden kann, bestehen.

Die erste Empfindung, die zur Idee von einem Subject mit seinen Praedicaten geführt hat, wird wohl die Empfindung von unserem Ich gewesen sein. Denn einmal konnte diese Empfindung niemals als Praedicat erscheinen und andrerseits bildet sie bei einer ganzen Reihe von Empfindungen unmittelbar, bei den anderen mittelbar das Subject, in dem die Einzelempfindungen nur Praedicate sind. In diesem Umstande mag der erste Anlass zur Bildung der Idee von unserem Ich als einem einheitlichen Subject gelegen haben. Tetens musste übrigens bei der Entwickelung dieser Idee besonders ausführlich und vorsichtig zu Werke gehen, weil etwa 40 Jahre vor dem Erscheinen seines Werkes von David Hume in seinem „A treatise on human nature" (1739—40) die Idee von unserem Ich geleugnet war und, soviel ich weiss, eine gründliche Widerlegung dieser Ansicht noch nicht geleistet war. Hume konnte die Idee von unserem Ich als einem einheitlichen Subject deshalb als ein Erzeugnis der Einbildungskraft erklären, weil er von der Annahme ausging, dass ihr nichts mehr zu Grunde liege, als die ganze Reihe einzelner, an sich unverbundener Impressionen, zwischen denen erst unsere Einbildungskraft aus eigenem Vermögen das Band der Einigung durch den Begriff von unserer Seele als Substanz flechte. Die wissenschaftliche Widerlegung dieser Behauptung war Reid (1710—96) und den anderen Vertretern der schottischen Schule durch ihre

Berufung auf den common sense nicht gelungen. Denn eine psychologische Frage wird nicht dadurch gelöst, dass man sie nach dem Urteil des gemeinen Menschenverstandes entscheidet und ein Gegner wird nicht widerlegt, wenn man sich in eine, aus sogenannten unanfechtbaren Wahrheiten construirte, Position zurückzieht, statt sich auf freiem Felde mit ihm zu messen. Diesen Weg sehen wir aber Tetens einschlagen, der sich nicht auf feststehende Principien beruft, sondern auf Grund der Erfahrung seinen Gegner zu widerlegen sucht. Hume hat ganz Recht, so führt Tetens aus, wenn er nichts anderes als massgebend ansieht, als eine mit genauer Untersuchung verbundene Erfahrung. Wenn er aber nichts anderes als gegeben ansieht, als eine Reihe unzusammenhängender Impressionen auf das Empfindungsvermögen und daraus den Schluss zieht, dass der Idee von der Substanzialität der Seele nichts mehr zu Grunde liege als diese einzelnen Impressionen, so hat er etwas überaus wichtiges übersehn. Greifen wir, so meint Tetens, einmal eine einzelne Impression, eine einzelne Empfindung heraus und prüfen sie nach allen Seiten! Steht sie in der That so allein und abgesondert, füllt sie so ausschliesslich die Seele aus, als Hume annehmen muss, wenn er sie mit Recht als das Glied einer nur durch das Band der Phantasie verknüpften Kette ansieht? Oder erscheint uns nicht vielmehr die einzelne Empfindung zwar als Empfindung für sich, aber doch auch zugleich als ein hervorstechender Zug in einer viel grösseren und umfassenderen, wenn auch nicht immer klaren Empfindung und bin ich mir dieses umfassenderen Gefühles nicht ebensosehr bewusst als der einzelnen Empfindung? Entspricht aber diese letztere Annahme der Erfahrung, und sie thut es in der That, so erscheint die einzelne Empfindung nur als einzelner Zug in einer umfangreicheren Empfindung und wären somit alle Bedingungen erfüllt, die den Verhältnisgedanken, dass die einzelne Empfindung nur das Praedicat eines umfassenderen Subjects sei, hervorbringen. Gehen wir von hier aus weiter und vergleichen mehrere einzelne Modificationen, so finden wir, dass sie zwar selbst verschieden sind, dass aber die umfassendere Empfindung, oder das Subject, als dessen Praedicate sie erscheinen, immer dasselbe ist. Diese einzelnen Empfindungen des sich gleichbleibenden Grundes verarbeitet die Denkkraft zunächst nach dem Grundgesetz des Verstandes zu dem Begriff von unserem Ich als einem Dinge, dann aber auch zu der Vorstellung oder vielmehr zu der Idee unseres Ich als eines einheitlichen Subjects, in welchem die einzelnen Empfindungen Teile in dem oben festgestellten Sinne sind. Die Thätigkeit der Denkkraft, mit der sie diese Idee von unserem Ich als einem einheitlichen Subject ausbildet, gleicht also nicht dem Act, in dem sie die Vorstellung von vielen einzelnen Soldaten zu der Vorstellung von einem Regiment zusammenfasst, sondern vielmehr dem Act, in dem wir überhaupt die Vorstellung von einem Subject mit seinen Praedicaten, auf Grund einer Empfindung mit einem hervorstechenden Zuge in ihr, bilden. Nach den allgemeinen Denkgesetzen muss das durch die Empfindungen gegebene Material zu dem Begriff von unserem Ich als einem einheitlichen Subject gebildet werden und kann dieser darum ebensowenig ein Erzeugnis der Phantasie sein, wie jede andere Vorstellung von einem Subject mit seinem Praedicat.

Haben uns die bisher entwickelten Allgemeinbegriffe auch bis zur Idee von unserem Ich geführt, so lässt sich aus ihnen doch noch nicht die Annahme von ausser uns liegenden Dingen ableiten. Sollte es zu diesem Schritt kommen so mussten vorher noch andere Allgemeinbegriffe gebildet sein, die wir nunmehr mit Tetens aus den Empfindungselementen ableiten wollen.

Der erste und einfachste unter dieser zweiten Kategorie von Allgemeinbegriffen ist der des Seins, da er aus jeder Empfindung abgeleitet werden kann. Der jeder appercipierten Empfindung entsprechende Gedanke ist der, dass diese betreffende Empfindung ist d. h. vorhanden ist. Verallgemeinert die Denkkraft diesen Gedanken, so ergiebt sich ihr die Idee vom Sein. Sind die Empfindungen derart, dass sie zur Idee von einem Ding führen, so ist der ihnen entsprechende Gedanke, dass die Dinge sind und die Abstraction aus diesen Gedanken: die Idee vom Sein der Dinge. Wiederholt sich nun die Empfindung desselben Dinges und bemerkt man hierbei, dass das Ding allemal, wenn sich die Aufmerksamkeit darauf wendet, für unser Empfindungsvermögen vorhanden sei, so ergiebt sich der Gedanke, dass das Ding auch sei, wenn es nicht gefühlt werde, dass es da sei. Diese Gedanken führen zur Idee vom Vorhandensein oder vom Wirklichsein und dies umso leichter, wenn die Denkkraft in der Reflexion das Wirkliche mit dem Unwirklichen oder mit dem nur in der Vorstellung vorhandenen verglich und den Unterschied der Empfindungsvorstellung und der reproducierten Vorstellung wahrnahm.

War der Begriff des „wirklich-seins" einmal ausgebildet, so wurde es leicht, von hier zum Begriff des Objects fortzuschreiten, d. h. zur Idee von einem Ding, welches wirklich ist und das von der Empfindung und Vorstellung von ihm unterschieden ist, und jene hervorbringt. Die nächste Veranlassung zu diesem Begriff bildete wohl die Verschiedenheit die sich bei der Vergleichung der reproducierten Vorstellung mit der ihr entsprechenden Empfindungsvorstellung, in dem Inhalt dieser beiden Vorstellungen geltend machte. Allerdings ist auch die reproducierte Vorstellung ein Bild des Dinges, von dem sie hinterlassen ist, aber wenn nun neben dieses reproducierte Bild die erneute Empfindungsvorstellung von demselben Ding trat, so musste der Unterschied dieser beiden Vorstellungen, die Schwäche und Undeutlichkeit der einen und die frische Klarheit der anderen empfunden werden, und musste mit der Empfindung dieses Unterschiedes der Gedanke erzeugt werden, dass mit der Empfindungsvorstellung die Ursache näher verknüpft sei, als mit der reproducierten Vorstellung. Es muss also, so schloss die Reflexion weiter, den Empfindungsvorstellungen etwas zu Grunde liegen, was den Phantasmen fehlt und sie gelangte zu der Annahme, dass in den Empfindungsvorstellungen eine Wirkung sei, deren Ursache ausserhalb der Seele liege. Zugleich musste aber auch, wenn man die erneute Empfindungsvorstellung mit den aus derselben Modification zurückgelassenen Vorstellungen verglich, die Ähnlichkeit dieser Vorstellungsinhalte bemerkt werden, und schloss die Reflexion aus der gleichen Folge auf die sich gleich bleibende Ursache. So führte also einerseits die Verschiedenheit der reproducierten und der ursprünglichen Vorstellung, andrerseits aber auch die Ähnlichkeit ihrer Inhalte auf Objecte, die von den Empfindungen und Vorstellungen von ihnen verschieden sind.

Wir haben soeben mit den Verhältnissen von Wirkung und Ursache operiert und benutzen diese Gelegenheit, um diesen Verhältnisgedanken, den wir im ersten Hauptteil völlig übergangen haben, zu analysieren, schon damit es nicht scheine, als ob Tetens zur Erklärung der Allgemeinbegriffe besondere Denkgesetze notwendig habe. Somit gehört zwar diese Untersuchung nur hierher, insofern der Causalitätsbegriff zur Ableitung der hier in Frage kommenden Allgemeinbegriffe in Anspruch genommen ist, aber sie dürfte doch auch von besonderem historischem Interesse sein. Wie den Begriff der Seele, so hatte nämlich Hume auch den Begriff von der Causalität aufgelöst und dafür die regelmässige zeitliche Folge zweier Vorstellungsinhalte eingesetzt. Es mag zwar, so meint Tetens, wahr sein, dass die erste Idee von einer ursachlichen Verknüpfung aus der wiederholten Folge von zwei Empfindungen entstanden sei, ja dass diese häufige Verbindung von gewissen Empfindungen uns den Gedanken von der Existenz eines Causalzusammenhanges mit einer gewissen Notwendigkeit abgedrungen habe, aber erklärt und erschöpft sei durch den Hinweis auf die zeitliche Folge der Begriff von der verursachenden Verknüpfung nicht. Schon in den Empfindungen liegt nicht nur das Gefühl einer zeitlichen sondern auch einer notwendigen Folge und besonders in den Empfindungen von Verhältnissen, in denen wir selbst etwas verursachen oder bewirken. Hier fühlen wir deutlich, dass dem Verhältnis zwischen uns und dem von uns veranlassten Effect mehr als die zeitliche Folge zu Grunde liege. Aber auch in den anderen Fällen empfinden wir zwischen den Ideen eine nothwendige Verknüpfung und erzeugt die Reflexion aus dieser Empfindung den Gedanken, dass ein, der Verknüpfung der Ideen entsprechender, notwendiger Zusammenhang auch zwischen den Gegenständen vorhanden sei. Dass aber die Notwendigkeit in der Verknüpfung der Ideen nicht aus der zeitlichen wiederholten Folge besteht, erweist sich daraus, dass wir eine zusammengesetzte Wirkung auf mehrere einfache Ursachen zurückführen. In manchen Fällen ist hier die Idee des zusammengesetzten Effects mit der Idee der zusammengesetzten Ursache niemals vorher zeitlich verknüpft gewesen, und doch wird uns die zusammengesetzte Wirkung begreiflich, wenn wir sie auf einfache Ursachen zurückgeführt haben. Somit erweist die Begreiflichkeit der Wirkung aus der Ursache, dass die ursachliche Verknüpfung kein Erzeugnis der Phantasie ist, sondern dass sie die subjective Vorstellung von der objectiven Dependenz der vorgestellten Objecte ist.

Doch kehren wir zu unserem Thema zurück, so hatten wir zuletzt ausgeführt, in welcher Weise die Idee von der wirklichen Existenz und von der ursachlichen Beziehung zwischen der Empfindungsvorstellung und ihrem Gegenstande die Idee von einem Object vorbereiteten. Zur Idee von einem wirklichen, ausser uns befindlichen Object kann es aber erst kommen, wenn die Denkkraft zu den beiden eben angeführten Ideen die **Begriffe der zeitlichen Dauer und der räumlichen Lage** hinzufügt und sie mit ihnen zu einer einzigen Idee verbindet. Wir haben am Ende unseres ersten Hauptteiles die Ansicht Tetenz über die Entstehung der Idee von der Zeit angegeben, und erinnern uns, **wie die Zeitanschauung aus einer, den ganzen Inbegriff der Gefühle ohne Rücksicht auf ihre Objecte zusammenfassenden Empfindung entstand.** In ähnlicher Weise entsteht der Gedanke von der zeitlichen Dauer, wenn wir bei der Empfindung unsere Aufmerksamkeit nicht sowohl auf den Inhalt der Empfindung richten, als vielmehr, auf die Zeit, die jede Em-

pfindung, auch wenn sie noch so kurz ist, in **Anspruch nimmt.**[1])
„Es sind die in uns fortgehenden Actus des Gefühls, die auch ohne Rücksicht auf die gefühlten Gegenstände empfunden, vorgestellt und wahrgenommen werden, die den Stoff zu der Abstraction von der zeitlichen Dauer hergeben." In derselben Weise wie das Gefühl von der zeitlichen Dauer jeder Einzelempfindung zu der Idee von der Fortdauer, führt die Empfindung der gleichzeitlichen Empfindungen, wenn wir von den Objecten der Empfindungen absehen, zur Idee von der räumlichen Ordnung überhaupt und zur Idee von der Lage jedes einzelnen Empfindungsobjectes innerhalb dieser Ordnung.

Von der Idee von einem Object unterscheidet nun Tetens schliesslich noch den **Begriff einer Substanz** als eines für sich bestehenden Dinges. Er kann erst nach allen bisher gebildeten Allgemeinbegriffen entstehen. Die durch das Gefühl gelieferte Materie zu diesem Begriff ist dieselbe wie diejenige, aus der die Idee von einem Ding abgeleitet ist. Aber bei Bildung des Begriffs der Substanz verwendet die Reflexion nicht nur die Idee von einem Dinge, sondern alle die Allgemeinbegriffe, die wir bisher besprochen haben, und ist demgemäss unter Substanz ein Begriff zu verstehen, dem die Eigenschaften eines Dinges, eines Subjectes, des Wirklichseins u. s. w. zukommen. Zu solchen Substanzbegriffen gehört nun vor Allem die Idee von unserem Ich, aus dessen Empfindungen wir alle Verstandsbegriffe ableiten können. Ob aber auch die Empfindungen von unserem Körper und die äusseren Empfindungen zur Idee von einer Substanz führen können, das ist die Frage, die Tetens zum Ausgangspunkt der folgenden Untersuchung nimmt. Denn wenn wir nachweisen können, dass auch die äusseren Empfindungen dazu führen, ihre Objecte als Substanzen anzusehen, so wäre der Ursprung der Annahme von ausser uns befindlichen Dingen zur Genüge erklärt, da wir Substanzen nur als ausser einander befindlich denken können, und demgemäss neben die Substanz

---

1) pag. 398.

unseres Ich's nur ausserhalb befindliche Substanzen treten können.

III. Ursprung unserer Erkenntnis der äusseren Dinge als Substanzen.

a. Ableitung des Substanzbegriffes aus den äusseren Empfindungen.

Doch werfen wir bevor wir auf diese Frage, die den ersten Abschnitt unseres zweiten Teiles ausmacht, einen Blick auf den bisherigen Gang unserer Untersuchung, so haben wir verfolgt, wie sich aus dem Inbegriff aller Empfindungen gewisse Empfindungen durch gemeinschaftliche, charakteristische Merkmale auszeichneten und dass diese Merkmale zur Unterscheidung der Empfindungen in die drei grossen Klassen der inneren, der körperlichen und der äusseren Empfindungen führte. Sodann haben wir eine Reihe von allgemeinen Verstandsbegriffen untersucht und aus dem Inhalt der verschiedenen Empfindungen abgeleitet, weil ohne sie die Denkkraft nie zur Idee von einer Substanz und demgemäss nie zur Annahme von der objectivischen Existenz der Dinge kommen kann. Dass die inneren Empfindungen zur Idee von unserem Ich als einer Substanz führen, erscheint nach Rückweisung der Hume'schen Theorie als ausgemacht.

Sind nun die äusseren Empfindungen derart, dass wir aus ihnen, auch ohne dass der Begriff der Substanz aus den inneren Empfindungen gebildet ist, die Idee von der Substanz ableiten können, oder ist der Begriff eines für sich bestehenden Dinges nur aus inneren Ideen gebildet und dann auf äussere Objecte übertragen, das ist die Frage, deren Lösung wir versuchen wollen. Da diese Frage die Kern- und Cardinalfrage unserer ganzen Untersuchung ist, so ist es doppelt zu bedauern dass gerade bei diesen Untersuchungen die einzelnen Gedanken sowohl als der Gang der Beweisführung so schwer zu erkennen ist.

Bevor Tetens an die eigentliche Untersuchung geht,

sichert er sich noch einmal den Boden; denn er bereitet sich darauf vor, einen entscheidenden Schlag gegen die idealistische oder egoistische Theorie zu führen. Auf zwei Arten, so führt er aus, können wir Allgemeinbegriffe bilden, das einemal werden sie nicht direct aus den einzelnen Empfindungen abstrahiert, sondern beruhen auf Combinationen der Denkkraft; ein auf diese Weise gebildeter Allgemeinbegriff würde der Begriff der Substanz sein, wenn er nur aus inneren Empfindungen entstanden und per analogiam auf die Objecte der äusseren Empfindung übertragen wäre. Die wahren Allgemeinbegriffe beruhen auf einer directen Abstraction aus dem in den einzelnen Empfindungen liegenden Gemeinschaftlichen; ist aus diesem gemeinschaftlichen Zuge der Allgemeinbegriff einmal gebildet, so muss er sich im Einzeln auf alle Empfindungen anwenden lassen, aus denen er gebildet ist. Stellt sich nun heraus, dass die Empfindungen von äusseren Objecten mit den inneren Empfindungen das gemeinsam haben, was zur Idee von einer Substanz oder einem wirklichen Dinge führt, so muss sich der daraus gebildete Gemeinbegriff mit vollem Recht auf die Objecte auch der äusseren Empfindung anwenden lassen. Gelingt es uns demnach, zu beweisen, dass auch die Empfindungen der dritten Klasse zu dem Begriff von der Substanz führen können, so wenden wir auf ihre Objecte mit Recht diesen Begriff an und schliessen, da Substanzen nur ausser einander sein können, mit Recht auf Dinge ausser uns. Von hier aus werden wir dann auch die Ansichten der egoistischen Theorie als irrig zurückweisen können.

Hatte der Scepticismus Hume's zur Auflösung des Substanzialitätsbegriffes geführt, so nahm die idealistische Theorie an, dass nur das Selbstgefühl der Seele zu der Idee von einem existierenden Dinge oder einem wirklichen Object habe führen können. Alle Empfindungen seien doch nur Modificationen unseres Ich, und können darum nur als Praedicate in dem einzigen Subject, in unserem Ich gewesen sein. Da nun die Idee von einem Subject die wichtigste Vorbedingung für die Idee von der Substanz ist und, wie wir oben gesehen haben, nur solche Empfindungen, welche die Seele voll in Anspruch nehmen und keine umfangreicheren Empfindungen gleichzeitig neben sich dulden zur Idee von einen Subject führen, so konnten die Empfindungen, da sie nur als Modificationen von unserem Ich gefühlt wurden, nimmermehr zur Idee von anderen Subjecten oder anderen Substanzen führen. Wenn die Reflexion dennoch auch andere Substanzen annimmt, so überträgt sie den einmal gewonnenen Begriff auf Objecte der äusseren Empfindungen, hat aber zu dieser Übertragung keinen stichhaltigen Grund.

Im Gegensatz zu diesen Idealisten leitete Condillac unsere Idee von der Existenz und Substanzialität allerdings von äusseren Empfindungen ab, beschränkte aber die Möglichkeit, zur Idee von äusseren Objecten zu führen, auf die Empfindungen „des äusseren körperlichen Gefühls", d. h., — in unseren modernen Sprachgebrauch umgesetzt , auf die Empfindungen des Tastvermögens resp. des Tastsinnes. Wie frei im Übrigen Tetens mit seinen Ausdrücken umgeht und wie sehr gerade der Mangel einer ausgebildeten Terminologie das Verständnis erschwert, mag beispielsweise daraus erkannt werden, dass er diese äusseren körperlichen, oder diese Tastempfindungen ohne weiteres im weiteren Verlauf der Darstellung als „Gefühlsempfindungen" bezeichnet. Condillac war also der Ansicht, dass in derselben Weise, in der unsere inneren Empfindungen uns zur Annahme von unserem Ich als einer Substanz, so die Tastempfindungen oder die äusseren körperlichen Gefühle zur Annahme äusserer Objecte führen. Die Eindrücke der anderen Sinne könnten nur den Gedanken von Eigenschaften, die wir entweder in unser Ich oder in die äusseren Substanzen verlegen, hervorrufen. — Home erweiterte diese Ansicht dahin, dass ausser den Gefühlsempfindungen auch den Gesichtsempfindungen die Möglichkeit, zur Annahme von den äusseren Dingen als Substanzen zu führen, zuzuerkennen sei.

Dieser Ansicht nun pflichtet Tetens bei, begründet aber diese seine Ansicht wissenschaftlicher, als es Home gethan zu haben scheint. Tetens will nämlich den Grund, weshalb grade diese beiden Empfindungsklassen die Idee von äusseren, für sich bestehenden Objecten, wachrufen, weder auf die Dingarten, auf die sich diese beiden Sinne beziehen, noch auf die grundsätzliche Verschiedenheit dieser beiden Sinne zurückführen, sondern auf die verschiedenen Grade der Stärke und Klarheit und die, davon abhängende, leichtere Reproducibilität gerade dieser Empfindungen und Empfindungsvorstellungen.

Erinnern wir uns, dass die Bedingung, unter welcher der Gedanke von einem Subject und darum auch die Idee von der Substanz entstehen kann, eine Empfindung ist, welche die Seele ausschliesslich beschäftigt und sie ganz ausfüllt, so sind die beiden Sinne des äusseren körperlichen Gefühls und des Gesichts ganz hervorragend dazu geeignet, durch die Abgesondertheit und Klarheit der durch sie vermittelten Eindrücke solche Empfindungen hervorzurufen. Denn bei den Empfindungen dieser beiden Sinne beschäftigt sich die Seele so ausschliesslich mit diesen Eindrücken, dass sie sich selbst darüber vergisst, da sie ihre eigene Thätigkeit gar nicht bemerkt. Somit fehlt jedes weitere, umfassendere Gefühl, als dessen hervorstechender Zug die einzelne Gefühls- und Gesichtsempfindung aufgefasst werden könnte; es fanden sich aber in ihnen alle anderen Bedingungen zur Bildung der Idee von der Substanz; und so konnte und musste aus diesen Empfindungen Ideen von äusseren, für sich bestehenden Objecten abgeleitet werden. Zu diesem Begriff gelangte die Reflexion umso leichter, als in den Empfindungen schlechterdings kein Anlass gegeben war, die Ursache ihrer Entstehung in die Seele zu verlegen und, weil diese Empfindungen auch in den reproducierten Vorstellungen einheitliche und für sich bestehende Ganze bieten.

Waren einmal auf Grund dieser beiden Sinnesempfindungen die Ideen von objectivischen Dingen gebildet, so tragen auch die Eindrücke der anderen Sinne, die an und für sich nie so klar und abgesondert sind, um zu diesen Ideen zu führen, das ihrige dazu bei, die Annahme von äusseren Substanzen zu befestigen. Die meisten Dinge wirken ja auf mehrere Sinne zugleich und verlegte die Reflexion die Empfindungen der drei anderen Sinne in die äusseren Objecte als Eigenschaften von ihnen, und bildete so den Begriff von äusseren Substanzen, denen sie die Fähigkeit beilegte, auf mehrere Sinne zugleich zu wirken. Zur Bildung von der Idee von äusseren Objecten erscheinen hingegen die Empfindungen der drei anderen Sinne umso weniger geeignet, als sie nicht nur mit den Empfindungen von äusseren Objecten verbinden; sondern sie lösen sich von dem Complex der, ein Ding constituierenden, Eindrücke und erscheinen, indem sie sich mit den inneren oder körperlichen Gefühlen vereinigen, als Beschaffenheiten des Körpers oder der Seele. Wenn sich z. B. der Eindruck, den die Rose auf das Geruchsorgan ausübt, nicht sosehr mit der Gesichtsempfindung von der Rose, als vielmehr mit der Modification des Geruchsinnes verbindet, so machen auch diese beiden Empfindungen ein vereinigtes Ganze aus, erscheinen aber als eine Modification oder Beschaffenheit des körperlichen Organes. In ähnlicher Weise verbinden sich, nach der Ansicht Home's und Tetens', Empfindungen des Gehörs mit dem Selbstgefühl der Seele und erscheinen darum als Modificationen der Seele. Während somit die Empfindungen der drei anderen Sinne immer nur als Modificationen und Teile anderer umfassenderer Empfindungen beobachtet werden, stellen die Empfindungen des Gesichts und die sanften, aber deutlichen Eindrücke auf das körperliche Gefühl immer einen einheitlichen, abgesonderten Inhalt dar und sind sie darum in ihrer Vereinigung besonders geeignet, Ideen von äusseren, für sich bestehenden Dingen abzugeben. Ein gewisser Unterschied zwischen diesen beiden Arten von Empfindungen besteht darin, dass die Gefühlsempfindungen ohne jede Unterstützung von Empfindungen anderer Sinne zu dieser Idee führen können ja dass es kein Ganzes von Empfindungen äusser Art geben kann, wozu das Gefühl nicht seinen Beitrag giebt, während das von den Gesichtsempfindungen nicht behauptet werden kann. Denn dass in dem entwickelten Verstande auch eine einzelne Gesichtsvorstellung zur Annahme eines äusseren Objects führt, kommt daher, dass wir zuvor aus der Vereinigung von Gesichts- und Gefühlsempfindungen die Idee vom Raum gebildet und gelernt haben, dass mit jeder Gesichtsempfindung ein körperliches Gefühl verbunden werden kann.

b. Gleichzeitige Entstehung der Substanzbegriffe.

Somit hat sich denn als das Resultat dieser ganzen Untersuchung herausgestellt, dass auch aus der äusseren Empfindungen die Idee von der Substanz abgeleitet werden kann und dass wir darum mit vollem Recht die Ansicht von ausser uns befindlichen Dingen gebildet haben. Es liesse sich in ähnlicher Weise nachweisen, dass Empfindungen und Empfindungscomplexe der zweiten Gruppe, indem sie die Seele ganz ausfüllten, die Reflexion nötigten, die Idee von unserem Körper als einem Subject und sodann auch die Idee von der Substanzialität unseres Körpers auszubilden. Wir übergehen aber diesen Nachweis, zumal er von Tetens nur angedeutet ist, und eilen zu einer weiteren Frage, deren Entscheidung uns noch vorliegt. Haben wir nämlich bewiesen, dass an und für sich jede der drei Empfindungsgruppen zur Ausbildung der Idee von der Substanz führen konnte, und demgemäss die drei Urteile: „meine Seele ist ein wirkliches Ding" und „mein Körper ist ein wirklich vorhandenes Object oder eine Substanz" und „der Baum, den ich sehe und fühle, ist ein wirkliches Ding für sich und weder meine Seele, noch mein Körper" selbstständig von einander gebildet werden konnten, so wäre es doch denkbar, dass einer von diesen drei Substanzbegriffen und demgemäss ein's dieser Urteile einen nicht nur zeitlichen, sondern auch logischen Vorsprung vor den beiden anderen habe. Einen solchen Vorsprung sollte nämlich nach der Ansicht der Idealisten das erste Urteil haben.

So hatte Buffon behauptet, dass schon die ursprünglich einheitliche Empfindung, die auch wir angenommen haben, noch vor der Trennung der Empfindungen in die drei Hauptgruppen, zur Idee von unserem Ich als einer Substanz geführt habe und dass erst nach der Trennung der Empfindungen auch die Ideen von unserem Körper und von äusseren Dingen ausgebildet seien. Dem gegenüber macht Tetens geltend, dass die ursprüngliche Empfindung gar nicht zur Idee von einem wirklichen Dinge werden konnte, da alle nötigen Vorbedingungen fehlten. Waren die Empfindungen noch nicht in die drei Gruppen geteilt, so konnte weder das Urteil, dass der Inbegriff aller Empfindungen ein Ding für sich sei, noch das Urteil, dass das Ich das Subject der Empfindungen sei, zu Stande kommen. Vielmehr musste die Reflexion, sobald sie so weit gekommen war, dass sie mit dem Inbegriff von Empfindungen den Gedanken verband, es sei das Subject dieser Empfindungen unser Ich und dieses Ich sei ein wirkliches Ding, auch auf Grund der Unterscheidung der Empfindungen die Ideen von unserem Ich als einem Dinge für sich und die Ideen von äusseren Objecten zugleich ausbilden. Der Ansatz zur Ausbildung der Idee von wirklichen Dingen wird in der Seele aus allen drei Empfindungsgruppen gleichzeitig hervorgegangen sein und wird die Reflexion diese Ideen in ihrem Gegensatz zu einander völliger ausgebildet haben. Man führe gegen diese Annahme nicht die Beobachtungen an, die man bei dem Chesseldenischen Blinden gemacht hat, der nach Verleihung des Gesichts alle durch die Augen vermittelten Eindrücke für Modificationen seines Ich ansah. Denn bei diesem Menschen hatten sich zwar im Anschluss an die anderen Sinnesempfindungen die allgemeinen Begriffe gebildet, auch war die Scheidung und Sonderung der Empfindungen in innere und äussere schon vollzogen; wenn er aber trotzdem die Gesichtsempfindungen in sich verlegte, so kam das daher, dass er die schon anderweitig gebildeten Grundsätze in Beurteilung der Empfindungen auf die ihm völlig neuen Modificationen nicht anzuwenden vermochte. Bei der normalen Entwickelung, bei der die Reflexion ihre Abstractionen aus allen Empfindungen gleichmässig zieht, wird sie auch die Verstandesbegriffe gleichzeitig auf die verschiedenen Empfindungsinhalte anzuwenden wissen.

IV. Grundregel für unsere Empfindungsurteile.

So wäre denn unsere eigentliche Aufgabe, die Unterscheidung von der objectivischen und subjectivischen Existenz und den Ursprung unserer Kenntnis von der objectivischen Existenz der Dinge zu erklären, erfüllt. Es bleibt uns noch übrig, in einem dritten Teil den Untersuchungen zu folgen, in denen Tetens eine Grundregel aufstellt, nach der wir die einzelnen Empfindungen den drei verschiedenen Substanzen zuteilen, und die Zuverlässigkeit dieser Regel bei den verschiedenen Empfindungen prüft. Vergleichen wir unsere Untersuchung mit der Lösung einer mathematischen Aufgabe, so wäre in dem Vorhergehenden der Beweis der Behauptung, die Lösung der Aufgabe geliefert und wir träten jetzt die Probe der Richtigkeit von unserer Lösung an. Demgemäss kann es sich hier nicht um die Aufstellung eines Gesetzes handeln, nach dem die Denkkraft erst nach Vergleichung der Empfindung mit anderen Vorstellungsinhalten und nach allseitiger Reflexion ihr Urteil fällt, sondern um ein Gesetz, demgemäss sie, in directem Anschluss an das in der Empfindung gegebene, ihr Urteil über den subjectiven oder objectiven Ursprung der einzelnen Empfindung fällt. Tetens unterscheidet nämlich[1]) zwei Arten von Urteilen: das Empfindungsurteil und das vernunftgemässe Urteil oder das Reflexionsurteil; beide vollzieht natürlich die Denkkraft, aber während das letztere erst nach Vergleichung mit anderen Vorstellungen und nach Beziehung auf die allgemeinen Verstandesbegriffe zu Stande kommt, lässt sie sich in dem zweiten nur durch den Inhalt der Empfindungsvorstellung, wie sie in uns gegenwärtig ist, leiten.

Eine solche Grundregel, nach der wir gleichsam unbewusst und jedenfalls ohne vorhergehende Reflexion unsere Empfindungen beurteilen, stellt nun Tetens fest und giebt

---

1) pag. 427.

ihr folgende Fassung[1]): „Wir setzen eine jede Empfindung in das Ding hin, in dessen gleichzeitiger Empfindung sie wie ein Teil in einem Ganzen enthalten ist. Kurz, jede Empfindung wird dahin gesetzt, wo wir sie empfinden. Denn sie wird da und in dem Dinge empfunden, wo und in dessen Empfindung sie selbst mit begriffen ist." Wie wir in der Optik die geschenen Objecte an solche Orte und Stellen verlegen, in deren Empfindungen das Bild des Objects als ein Teil der ganzen Empfindung enthalten ist, so verlegen wir die Objecte jeder Empfindung nach dem aufgestellten Gesetz in die sie umfassende, grössere, gleichzeitige Empfindung und knüpfen an diese Empfindung das Urteil über die subjectivische oder objectivische Veranlassung der betreffenden Empfindung. Leibnitz hatte eine ähnliche Regel aufgestellt, wenn er sagt[2]): „il est vrai, que le douleur ne ressemble pas aux mouvemens d'une épingle, mais elle peut ressembler fort bien aux mouvement, que cette épingle cause dans notre corps et representer ces mouvemens dans l'âme; comme je ne doute nullement, qu'elle ne fasse etc. und wenn er hieraus die allgemeine Regel zog, dass wir unsere Empfindungen allemal in die Objecte verlegen, auf die sich die Seele bei den einzelnen Modificationen vorstellungsartig bezieht. Aber, wie Tetens mit Recht bemerkt[3]), ist mit der Aufstellung dieser Regel im Grunde nichts gewonnen. Denn in dem von Leibnitz angeführten Beispiel kann sich die Seele nicht nur auf den Körper, sondern auch auf die Nadel als die Ursache des im Körper verursachten Schmerzes vorstellungsartig beziehen. Eine zutreffende Regel muss aus der Empfindung selbst und ihrer Zugehörigkeit zu der grösseren sie umspannenden Empfindung abgeleitet sein, wie es in der von Tetens aufgestellten Regel der Fall ist.

---

1) pag. 415.
2) nouveaux essais sur l'entendement humain. liv. II cap. VIII § 15.
3) pag. 383.

Prüfen wir demgemäss ihre Zuverlässigkeit, indem wir sie bei Beurteilung der verschiedenen Empfindungen in Anwendung bringen. Was zunächst **innere Empfindungen** wie die Empfindungen der Trauer, der Freude u. a. betrifft, so können wir sie gar nicht anders empfinden als in uns vorhanden und als Modificationen unseres Ich. Zwar können wir, wie wir im ersten Hauptteil ausführten, diese Empfindungen nicht wahrnehmen, wenn sie gerade unsere Seele voll beschäftigen, sobald wir sie aber in ihren Nachwallungen empfinden, nehmen wir zugleich unser Ich mit wahr. In ähnlicher Weise urteilen wir über die reproducierten Vorstellungen. Obwohl diese auch ihre Beziehung auf ursprüngliche Vorstellungen und durch sie, in vielen Fällen, auf äussere Objecte haben, empfinden wir sie doch nicht, ohne unser Ich als das vorstellende Subject mitzuempfinden; wir fühlen sie als Modificationen unseres Selbst und halten sie demgemäss für innere Empfindungen. In analoger Weise verfahren wir nach der Grundregel, wenn wir die **Empfindungen der zweiten Gruppe** für Modificationen unseres Körpers oder eines Körperteiles ausgeben. Wenn ich z. B. einen einzelnen Geruch empfinde, so erscheint diese Empfindung als eine Modification unseres Geruchorganes. Jene Empfindung des ganzen Organes kann dunkel und matt sein, aber sie ist doch immerhin so stark, dass bei dem einzelnen Eindruck die Empfindung des ganzen Organes den Hintergrund bildet. Wie wir die Nelke in einem Garten nicht wahrnehmen, ohne zugleich eine Vorstellung von dem Ort, an dem sie steht und von dem Boden, dem sie entsprossen ist, mitzuempfinden, so können wir auch den Geruch der Nelke nicht empfinden, ohne zugleich das ganze Organ mitzuempfinden. In derselben Weise urteilen wir, dass die Empfindungen des Geschmackes körperliche Gefühle sind, weil wir allemal die Empfindung des Geschmackorganes dunkel mitempfinden. Man wende hiergegen nicht ein, dass wir ausser dem Urteil, dass die Geschmacks- und Geruchsempfindungen körperliche Gefühle sind, auch das Urteil fällen können, dass der Geruch die Eigenschaft eines äusseren Dinges sei. Denn dieses zweite Urteil ist nicht ein Empfindungsurteil, mit denen wir es hier zu tun haben, sondern ein Reflexionsurteil. Vergegenwärtigen wir uns nämlich in der Reflexion die Geruchsempfindung, so nehmen wir leicht wahr, da wir ja den vorhergehenden Zustand unserer Seele und unseres Organes kennen, dass die Ursache dieser Modification weder in uns, noch in dem Organ lag. Auf Grund dieser Wahrnehmung nehmen wir eine äussere Ursache an und verlegen sie, wenn wir uns mittelst der Gesichts- und Gefühlsempfindungen die Ideen von äusseren Objecten gebildet haben, in dieselben und legen diesen Dingen die Eigenschaft bei, Gesichtsempfindungen zu erzeugen. Ist dieses Reflexionsurteil einmal gebildet, so wird es von dem Fall, mit dem es ursprünglich verbunden war, auf andere übertragen und praevaliert in den meisten Fällen sosehr, dass das ursprüngliche Empfindungsurteil ganz zurücktritt.

Eine sehr eigentümliche und uns befremdliche Stellung nehmen bei Tetens die Tonempfindungen ein, da er sie schliesslich mit Home zu den inneren Empfindungen rechnet. Tetens scheint sich selbst nicht recht klar gewesen zu sein, was er mit den Tonempfindungen anfangen sollte, da sich an sie nach seiner Meinung, gar kein Empfindungsurteil anschliesse. Zu den körperlichen Empfindungen wie der Geruch und Geschmack könnten sie auf keinen Fall gezählt werden. Denn dann würde die allgemeine Empfindung, als deren Modification die einzelne Tonempfindung erscheint, das Gefühl des Gehörorganes bilden. Dies anzunehmen, spräche aber gegen alle Erfahrung, nach der wir unser Ohr nur dann mitempfinden, wenn der Schall so stark ist, dass uns die Ohren gellen d. h. wenn das Organ äussere Erschütterungen erleidet. Andrerseits können die Tonempfindungen auch nicht ohne weiteres zu den äusseren Empfindungen gerechnet werden. Denn sie erscheinen nie so abgesondert und vollständig, dass sie die Seele allein ausfüllen, und darum zur Annahme äusserer, ihnen zu Grunde liegender Objecte führen können.

Schliesslich verbietet aber auch die Empfindung, dass sie ihre Ursache nicht in uns selbst haben und mit der Seele nicht so eng verknüpft sind, wie die inneren Empfindungen, sie ohne weiteres diesen zuzuzählen. Da wir aber zu jeder Empfindung ein Subject, zu jeder Wirkung eine Ursache annehmen müssen, so suchen wir durch ein **Reflexionsurteil** ein Subject zu den Schallempfindungen zu finden. Sehr eigenthümlich ist nun, dass Tetens nicht etwa die Reflexion zu dem Urteil gelangen lässt, dass der Schall als eine Beschaffenheit des tönenden Instrumentes, das wir mit den **Augen** sehen und mit den Fingern befühlen, anzusehen sei. Dieses Urteil kann zwar gefällt werden, aber es ist doch nicht das erste und einfachste, da die Reflexion von der Bildung dieses Urteiles durch die lose Verknüpfung abgehalten werde, in der die Tonempfindung mit den übrigen Empfindungen des Instrumentes verbunden ist. Vielmehr bemerke die Reflexion eine sehr enge Verknüpfung der Tonempfindung mit unseren inneren Modificationen, zumal mit den Gemütsbewegungen, und durch diesen engen Zusammenhang mit Empfindungen, die wir notwendig zu unserem Ich rechnen, veranlasst, nähme auch für die Tonempfindung die Reflexion unser Ich als Subject an.

Die **Gesichtsempfindungen** dagegen, wie Farbe und Figur, verlegen wir durch ein unmittelbares Empfindungsurteil in Objecte ausser uns. Wir verlegen sie nicht in unser Organ, das sie uns vermittelt, weil wir dieses in der Regel nicht mitempfinden. Nur wenn etwa zu starke und helle Lichtstrahlen auf einmal auf das Auge eindringen und es unfähig machen, die Gesichtseindrücke, wie sonst, ohne Erschütterung des Organes der Seele zu übermitteln oder wenn durch Stoss Lichtempfindungen entstehen, empfinden wir unser Organ mit. Andrerseits haben wir aber auch keinen Anlass, die Gesichtsempfindungen in uns selbst zu verlegen, da sie weder ihre Ursache in uns haben, noch unser Ich bei ihnen mitempfunden wird. Vielmehr füllen sie entweder das ganze Empfindungsvermögen so aus, dass sie direct zur Annahme äusserer Objecte führen, oder sie erscheinen doch ohne weiteres als Modificationen äusserer Körper. Die Gefühlsempfindungen schliesslich sind doppelter Natur. Sind sie nicht allzustark, bilden sie, wie erwähnt, ein Hauptmittel, zur Annahme körperlicher, ausser uns befindlicher Dinge zu führen. Die Festigkeit, die Glätte und — wie Tetens eigentümlicher Weise hinzufügt — die Bewegung sind Empfindungen, aus denen wir auf Beschaffenheiten äusserer Dinge schliessen. Werden diese Empfindungen stärker, sodass sie das Organ selbst erschüttern wie im Schmerz, Kitzel, Frost und Hitze, so rechnen wir sie zu den körperlichen Empfindungen, weil unser Körper die Gesammtempfindung ausmacht, als deren einzelne Modification die betreffende Empfindung erscheint. Somit enthalten auch die äusseren Empfindungen des Körpers, die man unter oberflächlicher Beobachtung vielleicht wegen des Wechsels in ihren Beziehungen auf unseren Körper einerseits und auf äussere Objecte andrerseits, gegen unsere Regel anführen könnte, im Grunde nur eine Bestätigung unserer Regel. Schliesslich ist auch eine andere Beobachtung, dass wir uns nämlich auch im Traum, wo wir doch nur innere Empfindungen haben, äussere Gegenstände vorstellen, kein Beweis gegen die Giltigkeit unserer Regel. Denn durch die Gewohnheit ist mit jeder Empfindung das mit ihr verbundene Empfindungsurteil so fest verknüpft und mit der Empfindung gleichsam verwachsen, dass wir auch in der Phantasie den Vorstellungen das Prädicat beilegen, das wir ihr so oft auf Grund der inneren oder äusseren Empfindung beigelegt haben.

V. Die qualitates primariae und secundariae.

Gehört es auch nicht direct zu unserer Aufgabe, so soll doch einerseits um der Vollständigkeit willen, andrerseits um des historischen Interesses willen kurz erwähnt werden, dass Tetens zum Schluss seines fünften Versuches den Unterschied berührt, den Locke zwar nicht zuerst gemacht aber doch angenommen und ausgebildet hatte, indem er unter den Empfindungen qualitates primariae und qualitates secundariae annahm. Die ersteren, wie die Ausdehnung, die Gestalt lieferten uns ein Bild von den objectiven Beschaffenheiten der Dinge während die anderen, wie Geschmack und Geruch nur eine bestimmte Wirkung der Dinge auf unsere Sinne bezeichnen. Hierzu bemerkt Tetens, dass die Unterscheidung in diese beiden Klassen von Empfindungen nicht so wichtig sei, als sie vielleicht auf den ersten Blick erscheine. Der ganze Unterschied sei kein grundsätzlicher, sondern ein qualitativer. Die Gesichtsempfindungen zeichnen sich, wie oben hervorgehoben, durch besondere Klarheit und Bildlichkeit aus, während Ton-, Geschmack-, und Geruchsempfindungen nur verwirrte und mit gleichzeitigen Empfindungen gemischte Gefühle erzeugen. Während diese deshalb nur zu Vorstellungen von Eigenschaften führen, bieten jene Bilder, die leicht verselbstständigt werden können. An und für sich sind beide Arten von Empfindungen, die qualitates primariae sowohl als secundariae Zeichen von den Gegenständen und ihren Beschaffenheiten und sind nur durch verschiedene Klarheit und Bildlichkeit unterschieden.

VI. Zusammenfassung.

Vergegenwärtigen wir uns nunmehr auch zum Schluss dieses zweiten Hauptteiles den Gang unserer Untersuchung, so erinnern wir uns, wie Tetens von der Erfahrung ausging, die uns Empfindungen nicht nur von uns selbst, sondern auch von unserem Körper und von Aussendingen bietet. Den Theorien von Reid und Genossen gegenüber bezeichnet es Tetens als seine Aufgabe, die Unterscheidung der subjectiven und objectiven Existenz sowie die Annahme von äusseren Substanzen aus den Empfindungen und mit Zuhülfenahme einfacher Denkoperationen abzuleiten. Dieser Aufgabe gemäss prüft er zunächst das in den Empfindungen Gegebene und findet, dass sie durch ihre eigene Unterschiedenheit zur Sonderung in die drei Gruppen der inneren, körperlichen und äusseren Empfindungen führen mussten. In dem zweiten

Abschnitt dieses vorbereitenden Teiles untersucht sodann Tetens die allgemeinen Verstandesbegriffe, welche zur Bildung von der Idee einer Substanz notwendig erscheinen. Den eigentlichen Kernpunkt der ganzen Untersuchung, die Frage über den Ursprung unserer Erkenntnis von der objectivischen Existenz der Dinge behandelt er dann ebenfalls in zwei Abschnitten, indem er zunächst nachweist, dass auch aus den Empfindungen der dritten Klasse die Idee von der Substanz und der Begriff von den äusseren Dingen als Substanzen gebildet werden kann und muss, und sodann die gleichzeitige Entstehung der drei Substanzbegriffe von unserem Ich, unserem Körper und von äusseren Dingen gegen die idealistische Hypothese verteidigt. War so die Aufgabe unserer Untersuchung dahin gelöst, dass wir durch die Gesichts- und Gefühlsempfindungen zur Erkenntnis von der Existenz wirklicher, ausser uns befindlicher Dinge gelangen, so giebt er im dritten und letzten Teil die Grundregel an, nach der wir die einzelnen Empfindungen unmittelbar in uns, in unseren Körper oder in äussere Dinge verlegen.

Schluss.

Darf ich mir noch ein kurzes Schlusswort erlauben, so möchte ich auf die Vorzüge, die wir bei Tetens anerkennen müssen andrerseits auch auf die Mängel seines Systems hinweisen. Zwar fehlt seinen psychologischen Ausführungen ein allseitig durchgeführtes klares Grundsystem, aber gerade dieses Fehlen des Systemes setzt ihn in Stand, den reichen Schatz seiner Beobachtungen und Erfahrungen vorurteilsfrei zu verwenden.

Er ist nicht durch ein System gebunden, dem er wie es so vielfach geschieht, die Ergebnisse der Erfahrung mit mehr oder weniger Geschick einordnen müsste; sondern er geht von den einzelnen der Erfahrung gegebenen Problemen aus, bespricht die verschiedenen Hppothesen, die zu seiner Erklärung aufgestellt sind und stellt dann seine eigene Ansicht auf, scheut sich auch nicht, mit einem endgültigen Urteil zurückzuhalten, wenn ein Punct noch nicht genügend aufgeklärt zu sein scheint. Allerdings hätte er den Grundsatz, den er bei der Beurteilung anderer Ansichten anwendet, dass von wissenschaftlichem Wert nur Beobachtungen und sichere auf Beobachtungen gegründete Schlüsse seien, noch strenger bei der Darlegung seiner eigenen Ansichten befolgen müssen. Denn sein Bestreben, die seelischen Vorgänge auf möglichst einfache Principien zurückzuführen, führt ihn manchmal über die Grenze der Beobachtung hinaus und veranlasst ihn zu Erklärungsversuchen und Behauptungen, die jedes wissenschaftlichen Wortes entbehren. Hierher gehört beispielsweise die Unterscheidung der bildlichen und ideellen Klarheit, sowie der Versuch, die verschiedenen Seelenvermögen auf ein einheitliches Princip zurückzuführen, der darum auch zu keinem befriedigenden Resultat führen konnte.

Sehen wir von diesen Mängeln unter denen die Brauchbarkeit und der Wert des Systems im Allgemeinen nicht leiden ab, so bleiben als grosse Vorzüge der Tetens'schen Erkenntnistheorie bestehen: die Sorgfalt der Beobachtung, die vorsichtige Weise, in der die Schlüsse aus den Beobachtungen gezogen werden und der enge Anschluss an die Ergebnisse der Erfahrung.

Eduardus Gualterus Schlegtendal natus sum in urbe cui nomen est Barmen, a. h. s. LXII, a. d. III. Kal. Mai, patre Bernhardo medico, quem praematura morte mihi decimum annum agenti ereptum lugeo, matre Emilia e gente Weddigen, qua superstite gaudeo. Fidem profiteor evangelicam. Primis litterarum elementis imbutus, annum agens nonum gymnasium eius urbis per novem annos frequentavi, cuius praeceptores et imprimis Thielium directorem et Friesium, tum praeceptorem illius scholae, nunc rectorem Latinae, quae dicitur, Halensis, viros illustrissimos et doctissimos pio grotoque animo veneror semperque venerabor.

Maturitatis testimonio instructus autumno anni h. s. LXXX Halas me contuli ibique civium academicorum numero ascriptus et militavi et studiis philologicis per quatuor semestria operam dedi. Quo tempore peracto almam Berolinensem adii et scholis interfui v. v. d. d. Curtius, Mommsen, Paulsen, Robert, Vahlen, Zeller. Deinde tempore paschali anni insequentis universitatem Bonnensem adii, ubi per duo semestria studiis et philologicis et theologicis operam dedi. Scholas audivi v. v. d. d. Bücheler, Krafft, Luchbert, Mangold, Schaarschmidt, Schaefer. Bene mihi obtigit ut ad studia persolvenda Halas redire possem, ubi per septies sex menses disserentes audivi professores illustrissimos: Dittenberger, Droysen, Haym, Heydemann, Hiller, Kähler, Keil, Riehm, Schlottmann, Thiele, Vaihinger. Proseminarii philologici sodalis fui per quattuor semestria, seminarii per sex menses. Praeterea Vaihinger et Haym, ut societatis et paedagogicae et philosophicae iterum particeps essem, benigne permiserunt.

Quibus viris omnibus optime de me meritis nec non v. d. Stumpf, cuius auspiciis hanc dissertationem perfeci, gratias et nunc ago et semper habebo quam maximas.